U0904097

这样推新品绝对赚

王同◎著

- 新品上市屡战屡败，屡败屡战，让人一筹莫展
- 终端盈利秘籍现学现用，手把手教你新品赢销战布局
- 市场全新造势策略，契合当下新品推广所有热点、难点
- 你会少走弯路，你会更有策略，杜绝新品一上就死

在竞争日益激烈的市场环境中，企业要生存和发展，就要满足客户不断变化的需求，提供新的产品和服务，倍增利润，提高市场占有率。新品之战愈演愈烈。但事实上，大多数新品均以失败告终，甚至成为企业衰败的主要原因。

本书从管理者的角度阐述了新品研发出来后如何做市场。内容侧重于如何让经销商和厂家一起齐心协力做新品，销售团队在运作新品时的重要理念和观点，如何把产品渠道铺到终端，如何在渠道层面推拉结合，如何打造高效率的新品运作团队等。当然，推新品是个系统工程，作为销售系统的业务人员也必须懂得一些“营”的理念，本书亦会介绍必要的手段和技巧，致力于帮助企业做好新品上市工作，提升新品竞争能力。

图书在版编目（CIP）数据

新品卖翻天：这样推新品绝对赚/王同著. —北京：机械工业出版社，2013.5
ISBN 978-7-111-42288-4

Ⅰ.①新…　Ⅱ.①王…　Ⅲ.①企业管理—销售管理　Ⅳ.①F274

中国版本图书馆 CIP 数据核字（2013）第 084944 号

机械工业出版社（北京市百万庄大街 22 号　邮政编码 100037）
策划编辑：侯振锋　　责任编辑：侯振锋　杨　勋
版式设计：苏宝文　　责任印制：乔　宇
三河市宏达印刷有限公司印刷
2013 年 6 月第 1 版·第 1 次印刷
170mm×242mm·13.5 印张·1 插页·121 千字
标准书号：ISBN 978-7-111-42288-4
定价：36.00 元

凡购本书，如有缺页、倒页、脱页，由本社发行部调换

电话服务	网络服务
社服务中心：（010）88361066	教材网：http://www.cmpedu.com
销售一部：（010）68326294	机工官网：http://www.cmpbook.com
销售二部：（010）88379649	机工官博：http://weibo.com/cmp1952
读者购书热线：（010）88379203	**封面无防伪标均为盗版**

前言 PREFACE

新品上市对营销运作是个综合性的课题，也是企业持续成功的原动力。无论从企业、客户，还是业务团队甚至从消费者角度来看，一个良性发展的市场对新品成功的期待远超于简单的“销量”指标。那些成功的企业，每一个成长的阶段似乎又都有新品成功的影子，上新品是不可回避的营销课题！

国内中小企业在这方面其实投入了大量的精力、人力和财力，特别是消费品行业，你会看到终端的条码数越来越多，几乎每年它们都要推出几个新品。可是盘点一下，这些仓促推出的新品鲜能长久，而是夭折遍地，让人痛心。

目前，提起新品，绝大多数“专家”谈的还是“策划”问题。从市场的研究到新品概念的提出，然后是包装、广告等，什么细分市场、定位、品牌等理论听得不少了。从“营销组织”上来讲，这多属于市场部的工作。可是与国外较成熟的市场不同，国内做市场，基本还是销售部门占了营销的主导地位，这些理论对他们的指导意义不大。销售部门真正在意的是，如何能让经销商老板和业务团队打消顾虑、放下包袱全力去推新品；如何让新品能快速、广泛地铺到终端去，并能实施高效“拉动”，使新品旺销？他们在意公司能对区域进行什么样的产品、费用和广告投入？如何能够策略性地应对竞争？所以，借鉴国外的经验，研究新品却只谈“策划”是不太符合中国国情的。

本书谈新品，首先是把新品的推广当作营销的一个大课题，并以此为框架。但着重阐述的是新品在区域执行方面的问题，即偏向于“销”而非“营”。就像生养小孩，我们介绍的是“小孩出生之后如何养大”的经验和智慧。本书更多强调的也是新品推出后如何去“卖”，希望能符合您的胃口。本书主要内容包括了：

✧ 新品对企业营销意义的再认识——推出新品，你不得不行。

✧ 提振新品运作团队的信心——事都是靠人去做的。

✧ 分析了新品夭折的常见原因——前车之鉴，不必重蹈。

✧ 介绍了正规军运作新品的套路——知道我们努力的方向。

✧ 点明了国内运作新品的策略要点——让你不再从“前辈”变成“先驱”。

✧ 如何运作渠道提升新品的铺货率——“买得到”是渠道运作的核心任务。

✧ 如何做好终端管理提升单店业绩——能赚钱才会有人愿意帮你卖。

比如新品出来后，要想统一企业内外两支团队（企业业务代理和经销商）的思想，齐心协力去推新品是件很难办到的事。企业召开新品发布会，本意是想和经销商老板一起商讨如何把新品推广出去，说了形势、讲了政策，分享了经验等等，努力了一天，可是经销商老板却不动心，他们心里真正在想的是：这个产品能不能做起来呢？

这下就麻烦了：企业想的是“如何做”，客户想的却是“要不要做”！究竟是什么原因让区域团队犹豫不决呢？原来经销商老板诸如怕麻烦或急于求成，或缺乏执行力，或没有信心，或缺少主见等等，心理障碍颇多，一开始和我们就不在同一个“频道”上沟通，其效果就可想而知了。经销商老板一犹豫，就会在投入、执行力方面大打折扣。本书帮你分析出现此种情况的可能原因，以便引导并提振经销商的信心，放下包袱，全力以赴推新品。

本书能成稿发行，首先要感谢我服务过的众多企业客户，比如统一集团、苏泊尔、洁丽雅、伊利、蒙牛、旺旺、盼盼、双汇集团、黑人牙膏、恒安集团、农夫山泉等。作为一位职业营销培训师，服务客户的过程也恰是我汲取知识的过程，所以常笑称“我是吃百家饭长大的”。特别要感谢双汇集团，2012 年给它全国的经销商及业务团队开展的《新品上市运作》课题的 22 个大区轮训，促使我对新品上市这个课题进行了系统的思考。其次要感谢众多前辈和同仁在这个课题上的研究成果的分享，网络、书籍等公共资源给了我许多启发。最后要感谢的是柏宏军老师及机械工业出版社的同仁，是他们的付出促成了这本书的出版，才得以有与大家交流的机会。

本书是——

区域销售经理提升新品运作成效的枕边读物。

企业销售团队和经销商业务团队集体学习的案头教材。

企业营销内训师、职业营销讲师的备课参考书。

新品策划人员了解新品区域运作的参考书。

企业送给经销商团队最好的礼物。

王同

2013 年 3 月于上海

目录

CONTENTS

第一章

推新品——企业存活须面对的战略思考

新品是企业持续成功的原动力。无论从企业层面、客户层面，还是业务团队层面，甚至从消费者的层面去看，一个良性发展的市场对新品成功的期待远超于简单的“销量”指标。

国内中小企业在这方面投入了大量的人力、物力、财力，几乎每年都在策划新品，但大部分新品没出生就“流产”了，仓促推出来的又鲜能长久，夭折遍地，让人痛心。而那些成功的企业，在每一个成长的阶段似乎又都有新品成功的影子。新品上市对营销运作是个综合性的课题，不可回避。

第一节　推新品，对企业、客户、业代有重要意义

企业以及企业内外两支团队（企业业务代理和经销商），对新品都应有很高的期待。不会推新品的企业活不长，不会推新品的客户长不大，不会推新品的业代不成熟。推新品，对企业、客户、业代有着重要意义，应当仁不让。

对企业：不会推新品的企业活不久

营销理论，以4Ps（产品、价格、渠道、促销）为基础，“产品”是在第一位的。企业不会推新品，可以说就是不会做营销，那说它活不久也不是危言耸听了。

首先，产品生命周期决定了企业要持续推新品才能存活。快速消费品正常的生命周期一般为 3 ~ 5 年，就像人的寿命一般为 70 岁一样，都有个均数。实际上，绝大多数产品都活不了这么久，夭折的、猝死的很多。当然也有活得很久的，比如双汇的王中王火腿肠卖了近 20 年了，康师傅的红烧牛肉面卖了 15 年了，但即使是这样的产品，比如康师傅的红烧牛肉面，也会从 100 个亿降到 72 个亿，而且在这一二十年中，产品也都是有过小的创新和改良的。再看红罐凉茶，在王老吉和加多宝分开之后，其前途也是未卜的。所以，企业要有新品的持续成功才能使基业常青。

2003 ~ 2004 年间，福建雅客食品成功地推出了“雅客 V9”，开创了维生素糖果新品类，获得了巨大成功，打造了企业内外两支团队，渠道也完成了升级。但产品都有生命周期，雅客仍须酝酿其他的新品。果然，到了 2007 年，维生素糖果感到了压力，销量在下滑，渠道利润在减少。非常庆幸的是雅客又成功地推出了“益牙”挤占了木糖醇品类，也做到了前三名，企业因此又火了一把。可是到了 2010 年左右，一样的压力又重演了，企业必须再有新品的成功去弥补老产品的下滑，才能实现螺旋式上升，但到目前为止，仍没有看到雅客有像样的新品出来，后果让人担忧。如图 1-1 所示。

再看双汇集团，自 2003 年以来，基本上每年都有 1 ~ 2 个重量级新品推出，这给双汇集团发展到 500 个亿贡献了太多的市场，特别是 2011 年双汇集团提出 5 年内翻一番的战略目标后，推新品成了

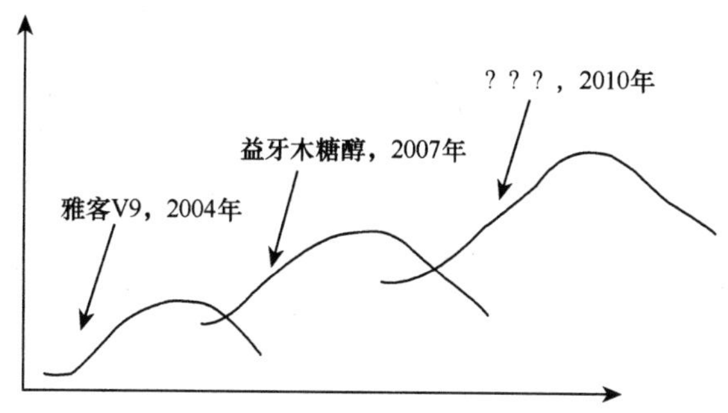

图 1-1　雅客新品推出与企业螺旋式上升

战略性举措，如图 1-2所示。因为500 个亿、几乎是单品类，双汇集团已经把中国市场基本做透了，开发新渠道或新区域大幅提升销量已经颇有难度。通过新品的成功推广，调整产品结构，是增加销量、提升利润水平的更现实的途径。

图 1-2　双汇集团新品与推广形势

其次，从消费者的角度来讲，企业要不断有新品推出才能抓住消费者的心。我们都知道可口可乐的配方是不变的。曾有一任 CEO

推出新的改良配方，竟引来美国民众的示威，说是破坏了美国的文化传统（这是营销领域很经典的一次失败的案例），但即使这样，并不是说可口可乐就不推新品了，实际上每年我们都可以看到很多在包装、瓶型或是瓶贴上变化着的可口可乐。一个全国范围的赠饮活动，可口可乐也会搞一个“畅饮畅赢”的促销装。企业要通过新品去维护品牌的生命力，就好比一个女人如果常年只穿那么几套衣服，发型也不变，就会让人觉得很土气，缺乏活力进而缺乏吸引力。“产品”本身没什么变化，但她会从其他方面省钱也要买件新衣服换，做个漂亮的发型，今天盘着明天放下来，一个发卡也是一会儿别在这里一会儿别在那里。做产品实际上也是同样的原理。

再次，从资源利用的角度，企业需要多推新品来分摊生产、设备、人工、广告等固定成本。也正是有这方面的考虑，成长中的企业几乎每年都会有新品推出，条码数越来越多了。蒙牛的仓库有300多个条码，旺旺食品则近千种了。这一点大家容易理解。实际上，有的企业已经过犹不及了，多元化经营，摊子铺得太大，根源上也是基于分摊固定成本的考虑。

最后，从竞争的角度来讲，企业有时要推出策略性产品去抗击对手。统一老坛酸菜面是统一的明星产品，引来众多竞争对手的跟进。所以你看它的广告，请来代言的湖南卫视汪涵说的“有人模仿我的脸，还有人模仿我的面……”讲的就是这种故事。为了存活，企业有时会推出机会性产品去跟随对手。所以黄金酒出来了，很快就有白金酒；金锣的“肉粒多”火腿肠出来了，就有双汇集团的“大肉块”火腿肠出来，不胜枚举。

对客户：不会推新品的经销商长不大

只会做成熟产品的经销商是不行的。给你康师傅的红烧牛肉面，宝洁的飘柔，在这些大品牌的大旗下，经销商不费力也能做出量来。真正能体现你能力的，是给你一款新品，在差不多的市场起点下，你和其他经销商比做得怎么样。反过来，一个善于推新品的经销商，无论在策略、管理、执行、应对竞争等方面，一定有过人之处，成长的机会就会越多！推出新品对经销商的益处，如图 1-3 所示。

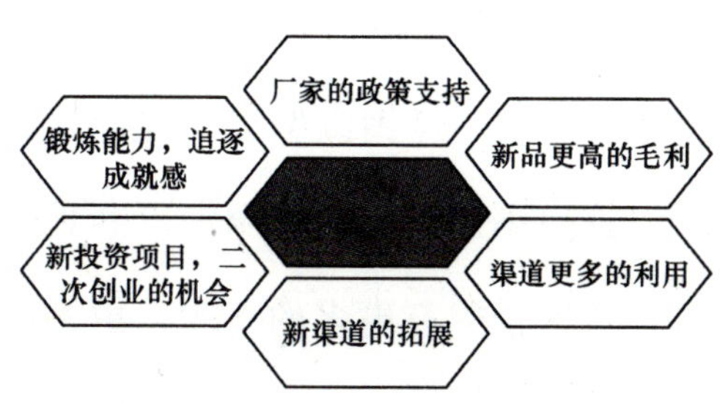

图 1-3　推出新品对经销商的益处

第一，做新品能得到厂家政策的支持。运作新品，企业在政策上多有激励。不懂得激励，也是企业在新品推广上的失策之举。2000 年宝洁推出润妍洗发露，在消费者活动上不遗余力，做广告、新品发布会、促销活动不断，可是给经销商的利润没有特别支持，这也是宝洁此次失败的主要原因之一。经销商都是靠着企业长大的。牛根生说：资源不在于拥有，而在于支配。这对于经销商同样适用。卖老产品，摆到那儿就能“动”销，企业也不愿多投入了，所以经销商要善于利用企业在新品运作时的投入去做“你的”市场，逐步积累。

第二，新品的毛利会更高。因为厂商的政策支持及新品的价格不透明等，新品总会有更多的毛利空间。比如双汇“王中王”，一个卖了20多年、年销上百亿、摆在那儿就能卖的产品，凭什么给客户那么高的利润呢？给你挣个“配送费”就不错啦；统一方便面，给到经销商5个点的配送费就很客气啦。而新品有更多的“商流”要求，要铺货、要陈列、要促销等，自然会分配得更多，所以如果做“王中王”只有8个点的毛利，那么做新品不会给你少于15个点。

第三，渠道更多的利用。经销商努力铺设起来的销售网络，相当于建的高速公路、田间小道，把产品源源不断地送到一个个大小终端店。建了公路，当然希望有更多的车跑，更多的利用才能收更多的“养路费”。其实销售渠道也一样，也需要跑更多的产品、更多高毛利的产品来调整经销商的利润结构。有的经销商知道这个道理，于是可能会接很多个品牌去经营。做方便面的再做火腿肠，还可以卖水、卖饮料，或者去做调味品。可是对于经销商而言，这样分散精力去做多个品牌其实是个误区！以前我们说“把鸡蛋放在不同的篮子里可以分散风险”，可是同时，这也分散了我们的精力。实际上，经销商越大，其品牌（或品类）反而会越集中。你手上有 10 个品牌，就有点像是批发商了，有 30 个品牌那就是零售商了！所以，分散做不同的品牌不一定是经销商做大的路子，专注于三五个品牌或一两个品类，引入新品做起来，调整产品结构和利润结构才是正道。所以推广新品的能力，是经销商做大必须具备的能力。

第四，通过新品可以拓展经销商的新渠道。产品与渠道要复合，要求不同定位的产品在渠道拓展上要有所区别，因此新品不能只靠老渠道带动。双汇“泡面拍档”火腿肠，听听这名字，也许就可以帮你拓展“车站码头”的渠道；“台湾烤肠”也许可以帮你拓展旅游景点的渠道；“Q 趣”就可以帮你拓展网吧的渠道。不要看不上这些“特通”，当年香飘飘奶茶最早就是从“网吧”渠道做起来的。

第五，有时候新品是我们客户二次创业的好机会。在某些品类上你做到了区域的老大，再想突破可能就有瓶颈了，引入一个新品当然是个机会。比如洁丽雅毛巾，已经做到品类老大了，企业也感觉再突破不容易了，于是近几年来不断有新品类推出，如 2010 年推出了内裤和棉袜，2011 年推出了保暖内衣和丝袜，这对很多客户也都是二次创业的机会。

最后，我再提一点更高的追求，那就是对客户而言，成功地推出一个新品是很有成就感的一件事情。风雨大战过后，你，包括你的团队都会得到很大的提升。实际上，品牌企业在招商时，除了通过看你代理什么牌子来评判你的能力外，还要看你有没有成功运作过新品的能力，这是更重要的指标，所以这也是你的光环。

凡此种种，不会推新品的经销商，发展有限，很难长大。

对业代：不会推新品的业代不成熟

推新品困难大，所以磨炼人，因为经历风雨，所以能得到成长。俗话说，乱世出英雄，对有能力的业务人员，推新品也是一个展示自己的很好的机会。不会推新品的营销人，不算真正的成熟。推广新品对业代的推动作用，如图1-4所示。

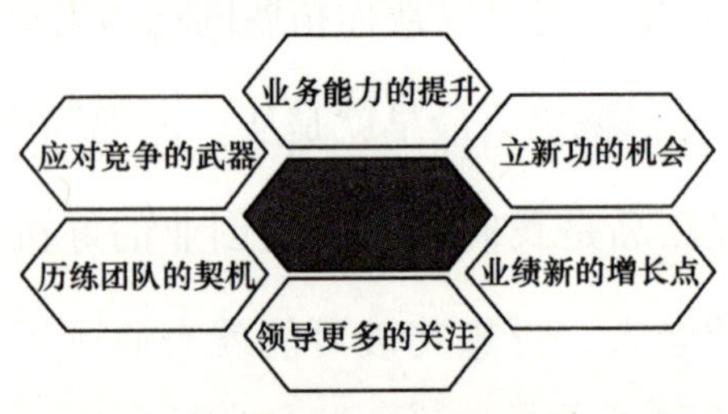

图1-4 推广新品对业代的推动作用

第一，推广新品对业务人员有很多挑战，是锻炼能力的好机会。一个做成熟企业老产品的业务人员是最没有成就感的。比如，宝洁的“城市主任”这种基层业务人员甚至没有销量提成奖，只拿基本工资。他们要做的工作就是管理导购人员、保证陈列排面、报订单、信息报表填写等，也不用对销量负责，当然就不享受销量提成了。宝洁认为，这样的岗位换成任何人，只要你按我的要求去做，销量都差不多的，体现不出个人能力，因此，不设奖金。那这种业务人员和生产线上的工人一样了，没有挑战，很难成长。不过，如果有什么突发事件发生，个人能力就有机会展现和提升了，企业推广新品对业务人员来讲就是一个好机会。

第二，推广新品是业务人员立新功的机会。乱世之时，英雄辈出。一上新品，对客户、消费者、竞争对手等而言，代表着更多的机会。

第三，推广新品是业务人员新业绩的增长点。市场机会中，上新品、开发新客户、开拓新渠道等都是业务人员业绩增长的机会点。在做区域业务规划的时候，是否有调整产品的机会是必须要思考的内容。

第四，推广新品让业务人员得到领导更多的关注。业务人员个人的成长需要领导的关注，而推新品是一个机会。例如，我在给双汇集团全国 22 个大区巡回培训时，每场培训我都要求领导安排一两位在新品上市方面做得不错的同事，共同交流经验。这实际上对这些同事也是一个激励。

第五，推新品是历练团队的机会。区域团队，特别是新组建的团队，必须要打过几场硬仗才能真正地磨合和历练出来，领导也需要通过对这些事件高效地处理才能获得威信，比如处理渠道的库存、惩治渠道窜货顽疾、更换不配合的大户等，其中成功推广新品当然也是大事件。

第六，推广新品也是应对竞争的武器。双汇集团2011年经历“瘦肉精”事件，伤了不少元气，竞争对手来势汹汹也占了一些便宜。2012年缓过气来的时候，东北的大区经理提出了实现“报复性增长”，很有豪气。所以，金锣推出了“肉粒多”火腿肠，双汇集团就针对性地推出了“大肉块”火腿肠，竞争如火如荼！

第二节　新品为什么会夭折

新品一旦推出后遭受失败，将会耗用企业很多资源，因此既然要推就要确保新品推广成功。但事实上，大多数新品均以失败告终，甚至成为企业衰败的主要原因。那么，新品为什么会夭折呢？只有究其根源，才能对症下药。

幸福的家庭总是一样的，不幸的家庭各有各的不幸。导致新品夭折的影响因素太多，从理念到方法，从战略到执行，每个环节都有可能出问题。国内中小企业新品都有哪些“死”法，或者说新品推广中最容易出现的问题有哪些，在这里和大家做个分析。

模仿跟风，妄想“以质取胜”

也许是因为中国第一代企业主（包括一些做外贸转做内销的老板）做生产出身的多一些吧，很多时候我和他们沟通如何推新品时，

"产品质量好"是他们感觉最值得一提的卖点。所推的新品都是对成熟产品的跟风模仿，在包装、价格、诉求点等方面无任何个性与优势可言。总是一厢情愿地认为："他（竞品）能卖得好，就说明消费者接受这种产品，我的产品设计几乎跟他一样，质量甚至比他的还好，怎么会卖不动?"期待以产品质量作为竞争核心优势，这是一大误区。试想，如果营销只是这么简单，那也太容易成功了吧？归根结底，这还是典型的产品导向的营销思维。事实上，除了产品质量，品牌、销售网络、人员、市场管理能力等对于新品成功运作的贡献，哪一样都不能少！

当然，模仿成熟产品并没有错，成熟产品的成功说明市场有需求，而且这些产品对消费者也做了一些引导（市场教育），有了一些市场基础。但是，我们现在是"以小搏大"，别人已经有了先入优势，要想赢他们，就得有"过人"之处。从产品上来讲，要求我们的产品一定要突出与成熟产品的差异性。

比如新品包装要更新颖，这可以从货架上抢到消费者的眼球，如当年洽洽瓜子的仿古纸袋包装；或者新品包装要更加便利，方便消费者使用，如 PET 瓶装罐头对玻璃瓶装罐头的替代。企业一定要打消仅靠"我的产品质量更好"来切入市场的幻想（如"更好吃，更有营养"）。实际上，现在市场上卖得最好的产品（尤其是食品），往往质量并不是最好的；消费者大多不具备专业的鉴别能力，产品质量好，只能作为优势之一，可以对销售起促进作用，但决不能成为新品上市成功的唯一支撑点。

在产品性能、包装相近的前提下，后起的产品在渠道利润方面一定要远高于竞品。不管你具备什么优势，更高的渠道利润是国内中小企业进入陌生市场必须具备的条件，在企业自身销售能力不敌对手的情况下，就必须充分发挥渠道的力量。一方面要有人买（产品卖点），一方面要有人愿意帮你卖（以渠道利润做保障），胜算才会大一点。

新品立意挑战新概念

有些企业在设立新品概念时，片面理解差异化优势的含义，求新求怪，推出从未有人尝试过的产品概念。除非你有充分的自信——你推出的“新诉求”切中了消费者普遍存在的迫切需求（如：保暖内衣的轻薄保暖切中了消费者追求时尚的需求，杯装冲泡奶茶切中了消费者对休闲、时尚的需求等，而这样的产品都能形成一种“流行”），否则，产品差异化优势的塑造最好是建立在成熟的市场需求的基础上。也就是说，新品最好能模仿成熟的消费概念，然后在某一个点上有所创新。“领先对手半步”就够了。

对新品运作的能力算是娃哈哈核心竞争力之一。但你仔细分析一下，娃哈哈的产品从来就不做首创。钙奶是学乐百氏的，八宝粥是学银鹭的，茶饮料是学康师傅的，纯净水是学达能的，非常可乐是学“两乐”的。这种模仿，为娃哈哈节省了大量的“市场教育成本”——通过大量的广告、试用、宣传投入使消费者对这个产品概念从陌生至知晓到引起兴趣，再到购买，形成稳定消费群，要付出大量的成本，也存在极大的风险。各位一定要相信，引导消费者一点点的销售心理和行为的改变，对一个企业来讲是多么不容易。让中国人习惯喝咖啡，雀巢花了十几年；让中国消费者认为有头屑是件尴尬的事，宝洁付出了很大的代价；现在加多宝想让人们意识到“怕上火喝加多宝”（而不是它之前宣传的王老吉）。

顺势而为，在前辈基础上的创新也许才是最“经济”的，但你必须得有创新。还以娃哈哈为例，虽然是模仿着前辈，但新品的定位又都比前者要先进一步。娃哈哈开发的第一个产品是儿童营养液，当时国内做营养液的企业已达30多个，但没有一种是针对儿童这一目标消费者的。娃哈哈抓住了这一细分市场，并挖掘出“吃饭香”这一卖点，采用“喝了娃哈哈，吃饭就是香”这样的感性诉求，同时引发大人和儿童的互动；AD钙奶是乐百氏先推出的，但娃哈哈跟进时加上了“好吸收”的概念；娃哈娃做茶饮品是跟进康师傅和统一的，但先行者只是宣传这类产品的共性，娃哈哈推出时则省去共性宣传，强调其个性“天堂水、龙井茶”。娃哈哈非常系列中，非常可乐跟进可口可乐和百事可乐，针对男性市场；非常柠檬模仿雪碧，针对女性市场；非常橙汁模仿芬达，以针对儿童市场。且非常系列在市场推广初期避开了可口可乐公司的核心市场——城市市场，走农村路线，这是一种柔道战略。

做生意，眼光可以超前，但脚步不能太超前，否则极有可能从先驱变成先烈。茶最早是旭日升，前辈成了先烈；火腿肠最早是“春都”，前辈又变成了先烈。

“拍”出来的新品

国内中小企业很多新品是拍出来的——拍着脑袋给创意、拍着胸脯要资源、拍着大腿叫委屈，最后拍着屁股收场。因为新品上市的一套流程、规范、标准、方法等都还处在“经验”阶段，不像财务、生产这些职能，挺“科学”的了，而经验就是“摸着石头过河”，不靠谱的成分很多。

如果这个新品是有经验、有境界的人拍出来的，成功的可能性就大了许多，比如娃哈哈的许多产品是宗庆后（娃哈哈公司老总）“拍”出来的，雅客的许多产品是陈天奖（雅客公司老总）“拍”出来的。双汇的产品虽然万隆（双汇公司老总）亲自参与的少了，但也是资深大区经理“拍”出来的，成功的可能性也大许多，比如东北某大区经理拍的“蒜香火腿肠”“菜花火腿肠”在东北市场接受度就很高。要命的是“朝中无大将”，营销团队里缺乏这种有经验和有境界的人，或者企业的营销管理机制有问题，没有让那些有才能的人去做新品创意的“土壤”。

我给大家讲一个啤酒“新品定价”的案例《卖12还是15？——答啤酒零售定价问题》。事实上，新品推广中的各个环节也有“高人臆断”拍脑袋拍出方案的。

我和一位啤酒企业的营销老总在上海见面时，他让我“欣赏”一款他们的新品，说2008年他们要拓展上海的高档酒市场就准备用这款产品了。这款产品的差异诉求主要是“优质的酿造水源和绿色生态”，570毫升/瓶、麦汁浓度8度，在上海主要走大型餐饮渠道。他问我：如果从一个消费者角度来讲，在上海中高档酒店卖这款产品你愿意接受什么价格？我被他“逼”得只好“臆断”地定了个8～12元/瓶，价格根据酒店的档次不同会有区别。

原来，他的业务团队（包括事业部总监）建议定在10～12元/瓶，可是老板请过来的一个咨询公司的老板说可以定在15元/瓶，现在是悬而未决。价格没有定，客户也不好定，更没办法铺货进店，情况比较急，所以想听听我的意见。

能卖个好价钱自然是我们共同的愿望。从企业角度来讲，可以提升品牌形象，企业的利润也会更好。对销售团队来讲，如果真能卖出高价，由于毛利高，他们操作的空间也会更大，高档形象确立了产品线也好做延伸，而且若品牌真做起来产生了“拉力”，市场也会更好做。

可是，我们凭什么让它定在15元/瓶呢？

1. 品牌：我们是新进入的，认知度低。啤酒品牌的区域性还是很强的，即便是雪花、青岛、燕京，也只能在某些区域表现得强势一些，到了地方未必就能打得过“诸侯”品牌。我在做江苏常熟啤酒市场咨询时，每一个镇的强势啤酒品牌都不一样，这个镇“三得利”强，那个镇“太湖水”强，再换一个镇有可能就是“大富豪”强了。某个上海的经销商曾和我交谈过，说“红石梁”在嘉兴也许是强势的，但来到上海（虽只相距80公里）它就一文不值。所以，作为新进入品牌，又没有强势的品牌推广预算，不得不考虑起步的艰难呀。

2. 渠道：我们的产品在上海市区还没有一个经销商，做上海市场要从找客户开始。那么我们这款产品拿什么打动客户，促成他们的合作意愿？品牌弱、价格高、市场投入预算不高、销售团队支持不多，只凭产品概念上的一些差异（还不是本质的差异）能有说服力吗？

3. 产品：应该说优质的酿造水源和绿色生态差异化诉求对这个品牌而言确实是可看得见、很具体的，并且这种诉求与高档啤酒消费者的需求比较吻合，是可以给予肯定的。但是仅靠这样一个好的产品创意就可以了吗？不说这种有价值的差异在“传播”上是否有效，即使做成了品牌，其溢价的变现能力也是有限的，可口可乐比相同包装的百事可乐贵2毛大约持平，贵5毛就很难销得动了。你的品牌凭什么比百威还高？

除了这款产品及企业本身的现状外，从竞争以及市场运作的规律来看，定 15 元/瓶也是不符合常理的。

1. 市场格局难打破

目前，上海市场主要高档啤酒品牌及销售价格见表 1-1。

表 1-1　上海市场主要高档啤酒品牌及销售价格表

上海在销主要高档啤酒产品/毫升	经销商进货价/（元/箱）	终端进货价/（元/箱）	零售价/元	
百威啤酒 580	44.5	68.5	10	说明：终端零售价指主流餐饮定的价，餐饮可根据自身的档次对同一产品定不同的价
三得利世樽 580	42	66	10	
青岛纯生 600	43	66	10	
喜力啤酒 500	45	68	15	

上海市场上目前走中高档餐饮的啤酒主要有百威、青岛纯生、虎牌、喜力、（三得利）世樽。这些产品中除喜力卖 15 元/瓶外，其余多为 10 元/瓶，喜力的销量也并不大，所以在市场上主流产品卖 10 元/瓶。这种格局已经存在，格局一旦形成，真的是很难改变的，一个新进入的小品牌是难以撼动的。如果一定要定在 15 元/瓶，你会发现我们的业务人员对经销商、终端及消费者，无论哪一环节的说服工作都非常艰难！

而且定在 15 元/瓶的售价，我们如何运作呢？

因为我们多半还是通过经销商来运作大型餐饮的，所以如果我们给经销商的价格也在这个“格局”之内，即 42 ~ 45 元/箱，那在终端卖到 15 元/瓶是肯定不能保证的事了。实际上，经销商要么会降低价格走点量，要么就吊着卖拿利润，这都会让市场走入畸形。

如果我们企业花大力气，直接运作终端店力挺零售价 15 元/瓶，那我们要问：企业的市场管理水平可以超过当地经销商吗？真正执行市场操作时你的业务团队又有怎样的执行力？我们和经销商如何分工（肯定不能完全撇开经销商的）？面对“吸金”的高档餐饮店企业能做到什么程度？企业这样做值不值得？这都是比较大的课题。

2. 市场运作要有节奏，新品上市首要的是市场份额

市场拓展是有一定节奏的，新进入者动作一定要快。新品上市首要的是市场份额，而不是利润或是品牌建设。这个时候若价格还没能定（假如是公历1月份），则会延误整年的销售工作，价格没定客户就不好定，也没法铺货进店，高档酒消费火暴的春节也赶不上了，上海饭店的年夜饭生意还是非常火暴的。等你盘算这儿念叨那儿，黄花菜都凉了。

如果价格定这么高，找客户本身就不容易，能否铺进终端也是一个难题，到了消费者那儿能不能有良好的动销更是没法保证。销量上不来，给渠道成员、企业业务团队的信心都是打击，这样磕磕绊绊，市场只会做得“半生不熟”，这是要命的事。

所以，这款产品建议最高定在12元/瓶，顺应目前上海中高端啤酒市场的格局，也给销售团队一些信心，使销售工作尽快地开展起来，真的有一定销量做基础了，可以再跟进一款形象产品做品牌，这样可能更实际一些。这也算是对我开始“臆断”的定价找些理由吧。

研产销系统衔接不力

新品推广成功绝不是哪一个部门的事，它的失败可能是某个环节的失误，但是它的成功一定是整体企业运作的成功。

我曾经给一家外贸转内销的企业培训。他们外贸很成功，年近30亿元，但内销很失败，一两年没什么起色，2011年领导提的期望是：内销的亏损能不能控制到200万元以内？多么初级的目标呀。内销总监课下对我抱怨说：不是我们内销坚持不住，内销在公司太不受重视了，我们的订单总是断货，你说我们怎么做市场呀？而且这个总监是从康师傅出来的，习惯做商超渠道，一个不知名的品牌做商超，动不动还断货，结果可想而知有多惨了。

按理，做外贸的生产能力是强大的，外贸的优势就是产品成本低、品种全、质量好嘛。那为什么做内销就常常断货呢？原来是生产系统看不上内销这点单子，品种多、量还小，能不排单就不排单，一个观念问题导致内销肯定做不好！外贸产品转内销，其实也是一个新品推广的问题，因为产销衔接问题而注定要失败。这是第一个问题。

第二个问题。新品上市时，特别是新品是旧品的换代升级时，市场中原来的“旧品”要注意提前消化，否则新品推动有问题。在这种不利的情况下，旧产品因为品质及保质期差异问题使销售更加缓慢，新品则由于通路中大量存在的旧品库存而铺货困难，因为商家总是希望将旧货卖完再进新货，以减少自身损失。这种情况怎么应对呢？

（1）如果旧品库存在经销商、批发商等渠道里，且存量较大，则应该果断地全部换货（用新品换旧品并做一定的价格补差），并集中于某些暂不上市新品的区域进行销售。

（2）如果旧品主要出现在零售店，且铺货率和库存数量都不大，就只针对这些少数终端进行旧品价格促销就好；但如果零售店旧品的铺货率或库存仍有相当规模，就应坚决地进行换货，并集中于“下水道”渠道进行消化。

（3）无论如何“处理”旧品都将是一种市场损失。因此，在新品上市前就应该做好产销协调，适当增加旧品的促销力度，使其快速销售。真遇到回收的旧品过期或其他原因无法销售，务必全部销毁处理，不留后患。

（4）千万不能采用回收旧品的方法。其一，按什么价格回收难有公论，会引起客户投诉和公司财务控制的障碍，给业务员及经销商侵占公款造成机会；其二，厂家回收旧产品的行动一旦被谣传为“某厂的产品有严重的质量问题，正在回收呢”，后果将不堪设想。

第三个问题。产品在铺货期就出现持续性缺货，这将是要命的事。新品刚刚进入市场，大量的广告、铺货和促销会吸引消费者的注意力去尝试新品。一旦上市初期发生断货，消费者必然会转向购买竞品，同时各竞品厂家也会乘此机会大举反扑。而等到你断货一段时间后又卷土重来时，已不能激起消费者的“尝新愿望”，消费者已经习惯了购买竞品，上市阶段断货已经严重挫伤渠道商的积极性，不愿再积极进货、分销。新品因为量小，也可能由于产能和原物料的问题，甚至技术的问题、物流的问题、销量预测的问题等，这种情况也很常见，但是很“要命”。为了避免以上这些情况，应注意：

（1）上市前，市场部、销售部、生产部要相互沟通，根据本公司对该产品的生产能力、销量预估，设定首批上市区域。如果公司目前原材料储备有限或生产能力不足，则第一波上市的新品可先锁定部分市场，视后续销售情况和产能补充情况逐步扩大上市区域。坚决避免盲目地全面铺市导致各地市场断货或过期的现象产生。

（2）努力确保货源，如有必要宁可牺牲一点利润，从其他货源充足或竞争不激烈的区域调货销售，也要保护来之不易的市场占有率。

（3）确实无法解决货源问题，也要努力维持基础铺货率，将不利影响降到最低。如加大 POP（焦点广告）宣传及产品特殊陈列，将有限的货源都用于超市、零售店等末端铺货；同时，应适时停止一切渠道及消费者促销。

“营”“销”两条腿，总是缺一条

营销，包括了“营”和“销”，营的职能如消费者调研、新品策划、包装、广告、媒体、平面设计、物料设计及采买等，目前多半由市场部承担；销的职能如招商、订单、回款、市场管理、终端维护等，目前多半由销售部承担。其实新品开发市场部主导的多一些，但上市之后销售部就要挑大梁了。因为国内企业的营销多是从销售开始的，市场部的职能发育得比较晚，所以能发挥的功能就不一样了。所以，在新品上市时销售“推”的能力很强，但市场部的“拉”的力量很弱。我见过一些营销额上百亿的企业，产品铺到终端之后，连一张 POP 都没有，实在让人着急。这种操作方式很容易造成渠道积压，而且新品一上市就“滞销”的局面会打击经销商重复进货的意愿，给以后的产品推动带来更大的障碍。

另一种情况也相当普遍。市场部花了很大的心力进行高密度的广告宣传活动，并通过派样、试吃、路演等消费者拉动活动，有效地提升了产品知名度和试用效果。但是由于产品铺货率极低，使得消费者无从购买。这样的状况有时称作“广告先行”，甚至在精心操作之下，也可以产生类似“持币待购”的特殊效果。然而，在绝大多数情况下，这样做风险是很大的；特别是快速消费品，同质化水平高，购买参与度低，想要他们“持币待购”简直是不可能的。这样一来，巨大的广告花费就只有付之东流了。

实际上，这里得有一个关键的协调人物，即产品经理。新品上市阶段，产品经理人要在广宣品、促销品的制作、配发，产品及包材的物料采购和批量生产，广告片播放等环节上作好监督协调，保证供给，为销售部的上市执行做好后勤工作。这需要同时涉及生产、市场、销售、储运、采购各部门的资源调动。上市计划制订过程中，有关铺货进度要求的内容要及时和销售部沟通，以确保切实可行。上市后，要通过实地调查来监控各地铺货进度是否达标，一旦发现销售部铺货不力，企划部首先要直接将结果告知销售部领导并与之沟通，探求问题障碍何在，并寻求解决方法。

以为讨好消费者就可以了

新品上市，企业知道主要是迎合消费者，当然，对消费者心理和行为的研究与新品的成功都是很重要的，但却不是唯一的。新品的成功与竞争对手、企业内部团队、渠道成员这三个相关方面都密切相关。

第一，是要关注你的竞争对手。一直以来，受国内营销教育的影响，满足消费者的需求是营销的第一要务。但在实际操作中，营销的许多环节似乎都是针对对手的，比如品牌传播策略、制定销售政策、价格调整等，包括“终端拦截”的深度分销营销模式、娃哈哈的“二级联销体”的以求更强的渠道控制力运作模式等，其实都是针对对手来的。实际上，这种基于竞争导向的运作方式正发出日益强盛的声音和销售的力量。营销的第一要务究竟是为了“满足消费者的需求”还是为了“超越竞争对手”，这其实是一个可以讨论的命题。

（1）消费者并不知道自己的需求，需求是营销大师创造出来的。现代的消费是从生理的需求到心理的需要的转变，当消费者的需求达到欲望层级的时候，需求的本身就变得不确定，消费者自己也不知道需要什么了。他们知道的只是他们口袋的支付能力，所以才有了消费品“冲动型购买”。在宝洁进入中国以前，谁会认为有头屑是件没面子的事？在索尼推出随身听之前，谁会有边走边听音乐的经历？这样的案例在营销界太多了。微电子行业的竞争根本就不会关心消费者的需求，否则微软或英特尔以每18个月的摩尔定律推出一款新品就变得毫无必要了。

（2）我们很难弄清楚消费者需要什么，但却很容易知道竞争对手在干什么。我们要学会从对手那里找到营销的思路。即使是作为一个追随者，竞争对手对了，我们也不会拉开和他们的距离，但如果不跟随，竞争对手对了，我们就可能拉开与他们的距离。

（3）满足消费者的需求不是绝对的和无条件的，它是相对于竞争对手而言的。只有存在竞争，消费者才会受到真正的尊重，其需求才有可能得到满足。在计划经济时代，在供不应求的年代，买什么都要凭“票”的时候，谁还会在意购物时售货员的服务水平？“顾客就是上帝”是在市场经济竞争的背景下才会有的。

消费者的满足也只是一个相对的概念，当我们比竞争对手更强的时候，消费者不是被满足了，而是没有更好的选择了，消费者永远都处在这样一种状态，请记住：我们之所以“中标”，永远都是客户在没有更好的选择下做出的选择。

甘地说过：“人类现在的物质足以满足人类的需求，唯一不能满足的是人的欲望。”消费者的欲望是没有穷尽的，给什么都不会得到满足，这也反证了消费者的需求不应成为营销的第一要素。

在我们营销过程中，有哪一种行为不是围绕竞争开展工作的呢？比如，我们说“差异化”，不论是针对产品、区域，还是销售政策，其实都是规避竞争，发挥自己强势超越对手的手段。现在的营销课本中针对“消费者的需求”已经不再只是说“满足”了，而是“引导和创造消费者需求”的观念，真是一大进步！这个思想很重要，在新品推广全过程中，都必须考虑竞争对手。

第二，是要关注企业自身的业务团队。如果你的新品推广有损于内部某些人的利益，那推动的过程一定会遇到阻力。比如你要销售团队花很多心思，却在考核指标上对他们不利，那一定没有好结果。一个空降的营销领导去主导一个新品推广项目往往挑战更多，在没有得到内部团队的信任和支持时，他是肯定做不起来的。

第三，是要关注渠道商。这个问题已强调过多次，市场真正是需要厂商共建的。得不到渠道商的支持，定然不通。宝洁推新品润妍，品牌自视过高，给经销商的利润如同老产品，这是它败北的一个重要原因。小企业推新品，尤其要注意给渠道商留足利润空间。

贪多冒进，资源不济

资源要集中投入才能发挥最好的效果，这种理念在新品推广全过程中同样适用。比如有些企业会同时进行两个以上新品推广，这就让人揪心。企业同时推出几个新品，首先在面对消费者时，你的促销资源会分散，甚至互相抵消，重点不突出，消费者无所适从；在面对渠道商时，要同时让老板拿出资金进几个新品，销售商会有更多的疑虑，进货意愿便会降低；在业务员执行铺货、陈列、促销、超市进店过程中工作量会扩大几倍。注意力分散，无法兼顾，最终可能一个产品也做不活！所以最好一次推出一个新品，或者在适销渠道和价位上一定要有所区别。如果一定要两个定位相近的新品一起推广，也要注意及早发现潜力更大的新品，以备及时调整策略。

再如，目标市场贪大求全。企业在形成一个看似与众不同，而且符合市场要求的产品概念后，欣喜若狂，将目标区域直接定到全国范围，意图“一击而胜”，而没有考虑企业自身的财务、销售、储运、生产现状，最终因新品上市面铺得太宽、战线拉得太长、企业资源不济而导致产品上市后续无力。新品的目标市场规划绝不仅仅是适合该产品的销售区域和消费人群锁定，更多的要考虑本企业的人力资源、财务状况、生产及配送能力能满足多大的市场。一般来说，新品做新市场的失败几率要比新品做老市场大得多。收缩战线在局部市场做深做透，站稳脚跟再图发展，这也是深度分销 ARS 的核心思想。

价格混乱，一“红”就死

窜货是扰乱价格的主要原因。窜货有良性和恶性之分。所谓良性和恶性，是要看是否能在你的掌控之中。

雪花啤酒甚至可以通过窜货帮助新品实现铺货率和经销商的遴选。比如 2007 年雪花做杭州市场时，首先通过降低门槛去招商。在高空广告及消费拉动下，招商是容易的，所以当时一下子聚集了许多客户。但雪花啤酒并没有给客户经销商提供地域保护，于是大家都窜来窜去，很快就形成了广泛的铺货率。渠道为此抱怨很多，但好在都在雪花的掌握之中，乱也就乱在杭州本地。一年下来，经历啤酒的一个旺季，大浪淘沙留下了一些有意愿、实力较强的客户，淡季来临的时候，雪花再帮这些客户划定地盘，来年再战，就有规有矩了。

这是通过混乱让市场“红”起来的例子。只是国内绝大多数企业，对渠道的控制没这个实力。很多时候是没做起来——没人窜你的货，一做起来，就乱套了，渠道管理不力，就像螃蟹，一“红”就死。

在新品推广的过程中，从开始的价格体系设计，到促销政策的设计，到渠道的设计及管控，再到业务人员跟进监督，每个环节都要重视这个问题。可控，是管理的最低要求。

第二章

推新品必知的步步为赢的策略规划

新品推广是对企业营销水准的一个综合考验，涉及的面非常广。在战略上我们要“藐视”竞争对手。国内的市场环境和竞争水准，您有稍微一点突出的地方用对了，推新品也会是很简单的事情，所以要敢于推新品，保持旺盛的激情，百折不挠。但在战术上，我们要“重视”，即在具体的新品运作中，如发现市场机会、提出新品概念、执行上市计划、追踪上市表现等方面又能够采取科学和谨慎的态度，稳扎稳打，步步推进，这是我们新品成功的保障。

本章内容，一方面给大家介绍国内外优秀企业在新品推广过程中的规范做法，让我们保持科学和谨慎的态度，步步为赢；另一方面，也介绍国内同样优秀的企业看似“粗放”实则“有效”的新品的推广手法，给大家一些启示。

第一节 “正规军”运作新品流程

新品的运作，从孕育到出生到成长，有许多关键环节需要把握。科学而谨慎是新品成功的保障，国内外优秀企业在新品推广过程中的规范做法，值得我们学习和借鉴。

发现市场机会：确保新品有足够的市场潜力

首先，要能把握市场大的趋势。

这要求企业家要有战略眼光。那些快速发展的企业往往都是顺势而为的典范，最初大都有凭借市场机会推出优势产品、企业迅速壮大的契机。康师傅的成功就是得益于十几年前对中国大陆方便面产业趋势的研判。20 世纪 90 年代初，顶新集团在大陆的投资还仅限于食用油，但在经过系统的产业研究后发现：在日本、中国台湾和韩国已经发展为庞大产业的方便面制造业在中国大陆才刚刚起步，而且是以低价袋装方便面为绝对主体的市场。随后，顶新集团便以相对高端的“康师傅红烧牛肉面”为核心产品迅速占领了中国大陆市场，并连续 10 年稳坐方便面“第一品牌”的交椅。而今天的中国方便面产业也已经发展成为以百亿元计的庞大市场。还有浙江香飘飘集团的奶茶，也是把中国台湾街边店的奶茶和冲调食品结合，推出的全新品类，因此获得了巨大的商业机会，引得世界上最大的茶饮企业立顿都跟进了。还有王老吉的凉茶，因为成功切中了消费者“怕上火”的内在需求，也获得了巨大成功。这种身边的例子其实不胜枚举。

把握市场趋势，可以借鉴国外市场。历史总是很相似，国外发达市场的很多发展经历总是不断在国内市场一遍遍地验证，这说明已开发地区的“今天”很可能就是还未充分开发地区的“明天”。企业决策者要多出去走一走，了解前沿市场最新动态。福建雅客的维生素糖果，就是陈天奖在出国的时候发现的商机。第二种方法就是“对标”。产业领导者通常也是产品发展趋势的“标杆”，他的产品上市步伐实际上也反映了整个市场的发展方向。实际上，后来者可以通过在行业老大的产品组合中找到其“链条”的薄弱环节或市场空隙，避其锋芒，攻其软肋。

其次，要研究消费者。

研究消费者消费心理和消费行为，也会让你有更多的灵感。研究该品类产品的消费群主要包括他们是哪些人及他们的年龄、收入、教育素质、性格特征、业余爱好等要素，这些都可以为下一步如何设计产品的包装、广告等消费者沟通方式定下基调。研究消费者购买使用这些产品的地点、时间、数量以及消费者对现有产品的满意程度和抱怨点，从而发现新的市场机会。碗装方便面很多是在办公场所和旅途中食用。调查显示消费者反映康师傅碗面很好吃，但在泡面时碗盖的铝膜受热后会上翘，必须用东西压住，很不方便。对此，华龙集团推出今麦郎碗面新品，专门设计扣盖式的碗盖以及相应的面饼防尘防潮密封包膜，解决消费者的这一个抱怨点。消费者的抱怨（或痛苦、遗憾等）恰恰是他们的潜在需求，消费者的需求正是我们的机会，希望能理解这个逻辑。

研究消费者对同一品类的期望和判别标准，发现新的未满足的消费者需求点，创造新的细分市场。同样是洗发水，宝洁的飘柔满足了大众对头发柔顺的要求，海飞丝满足了去屑需求，潘婷满足了头发的营养需求，沙宣满足了对头发亮丽的期待，当然还有霸王迎合了治脱发、夏士莲满足了头发黑而亮、伊卡璐满足了人们对天然

（植物草本精华）的需求，都获得了成功。在牙膏产品中，防蛀、美白、健齿、清新口气、防酸防冷，甚至清洁假牙都是有效的消费者潜在需求。那么，你所在的品类中，还有哪些消费者的“心智地皮”可以挤占呢？

对消费者的研究是非常专业的工作，跨国公司大都是在消费者使用习惯和态度研究方面的“专家”，它们会投入巨资定期进行全国性的消费者研究，不但为自己的新品策略提供依据，而且可以给自己原有的产品发现新的市场机会。而国内企业，目前很少有能够真正专业地开展消费者研究的。

最后，关注竞争对手。

消费者的心思我们很难把握，但竞争对手我们却看得清楚。首先要做的是锁定你的竞争对手。河南有家方便面厂，我在讲到“陈列要紧邻主竞品”时，提到可以紧挨着康师傅摆，课间他们却告诉我：“我们还没法和康师傅比呢，我的主要竞争对手只是白象方便面。”呵呵，这就是不明确自己的对手。连自己的对手都不知道是谁，这仗就没法打喽。

锁定竞争对手之后，要了解其销量、占有率、品项组合、区域分布、明星品项、强势区域，从而掌握产品目前在各细分市场的优劣，寻找本品的入市机会和市场空间。要调查主竞品各品项的规格、包装、重量、口味等，学习竞品在产品设计上的优点，寻找它尚未涉足的薄弱环节。要调查主竞品的各级价格和渠道商利润，探求本品在价格和渠道商利润方面形成优势打击竞品的可能性和切入点。要调查主竞品在各渠道中的市场表现和销量排名，了解竞品在各渠道的优势和空白点，为本品入市后合理设置首攻渠道、销售主渠道、回避竞品强势渠道、攻击其网络弱点提供思路。要调查竞品的市场精耕程度和销售人力投入，为本品未来的销售队伍建设、分支机构设置提供参考依据。还要分析竞品广告诉求及投放策略，探求本品差异性诉求方向。

提出新品概念：锁定市场机会

前期的市场研究、消费者研究以及竞争对手的研究，是为了发现我们企业上新品的机会。但机会如何把握，必须要落到产品身上。所以，提出明确的新品概念，才有可能锁定这种机会。

规范点的企业，这些工作可以由产品经理牵头，专人负责此项工作的推动。没有产品经理岗位设置的至少应该成立“新品开发项目组”，有专人协调各项工作开展。各部门的协调不能只有老板才能指挥得动。

产品概念是从消费者的角度，对新品用细致、简单易理解的文字进行描述，要使产品创意“具象化”，比如“一种全新的营养型泡面”，没有酱包，有超大的蔬菜包，特别适合孩子及注重营养的消费者。有碗装和袋装两种，三种口味（番茄炒蛋、雪里红酸菜、香菇青菜）。碗面总重 100 克，零售价 3.0 元；袋面总重 105 克，零售价 1.2 元，而不能只是说“蔬菜包营养方便面”。产品概念出来以后，可以召集消费者进行座谈，了解他们对这个产品概念的接受程度和意见。根据消费者座谈测试结果对原创产品创意修正改良，最终定稿——撰写新品概念提案单。新品概念提案单至少应包括以下几项：

（1）品牌：新品叫什么名字？如何与原来的品牌结合？

（2）产品定位：在细分市场中，我们定位的目标消费群是谁？有哪些差异性优势？

（3）目标消费群特征：年龄、职业、性别、收入、文化水平、价值观等。

（4）目标市场总量：目标消费群可能实现的总消费量。

（5）产品描述：口味、规格、重量、包装材质、零售价、毛利。

（6）销售通路及价格：在哪些通路进行销售以及出货价格是多少？

（7）包装特征：设计稿。

（8）销售区域及预估销售量：在哪些区域进行销售以及可能销售量有多大。

（9）上市进度：日期。

最后由市场部经理、营销总监、总经理逐级审批。

评估可行性：确定这个机会是否属于自己

新品上市之前一定要做严格的可行性评估。产品若仓促上马，一旦因为企业在生产、销售、财务等方面有限制，将造成新品根本无法上市或半途而废，这都将对企业造成损失。以快消品为例，上市之前的消费者产品测试、产品研发、广告创意、包装设计、样品试生产等大量资金投入后，一个新品在投入市场前的花费可能已近百万了！

首先，要评估企业的组织力量是否支持新品战略。新品开发不是营销部门能全部搞定的事，需要企业各部门的协作，营销、研发、生产、财务，任何一个环节出问题都会使新品变味。一般来讲，市场部产品经理负责新品可行性研究、开发、上市准备、价格制定、上市推广活动追踪和检核；研发部门负责新品开发研制、试生产、成本核算、基本资料提供及制造过程工艺制定等；生产部门负责生产设备评估及采购、试生产等；财务部门负责成本核算、企业资金实力与产品上市资源匹配程度等资料；销售部门负责评估新品上市与现有销售团队、销售渠道的匹配程度，并实际展开新品销售运作。而且产品经理要懂研发、懂市场、懂销售，得是个全才。我们当年在给某休闲食品做咨询时，设置了一个产品经理岗位，实际招聘时真是一将难求呀！

其次，生产技术系统的可行性。对开发能力、生产设备及工艺水平进行评估。市场上流行 PET 茶，但你的吹瓶技术不过关，出来的产品不是瓶子变形，就是盖子打不开，那么 PET 茶的市场机会就不属于你。汇源靠餐饮渠道热销 750 毫升纸包装果汁一家独大，但很多果汁厂就是因为包装生产线无法调节成这一容量，只能考虑重新购置生产线或干脆放弃。华润（雪花）啤酒在安徽省曾推出过一款黑啤酒给“不怕黑的男人”，很成功，但这种黑啤酒主要是通过在过滤时的后修饰技术完成的，其色泽晶莹、麦香浓郁。其他很多啤酒企业想跟进，但制出来的黑啤酒更像“酱油”。

第三，财务可行性。新品上市通常要投入很多费用，财务部门、研发部门必须对市场部门的销售预测进行仔细的财务可行性分析。

第四，营销/销售方面的可行性。经销商队伍能否支持得到，渠道、区域、我们的营销团队是否适合等等。比如浙江湖州香飘飘奶茶研发出来后，若有条件走商超肯定更好，但它之前的渠道合作伙伴都以批发为主，转型过来做商超很难，重新招能做商超的客户，新品条码数也少，这些其实都是很为难的事。幸好后来它从网吧渠道得以突破，否则就可惜了这一个好产品。

开发新品：反复测试改良，把概念变成实物

到此为止，企业已经明确了要利用哪些市场机会生产什么样的

产品，而且对这一产品上市的可行性进行了论证，现在到了做好新品上市具体准备工作的时候了。新品上市准备涉及企业内外多个部门，是一个典型的“项目管理”，需要产品经理对每项工作细致排期、落实责任、内联外动，确保各项工作按时完成。具体准备工作事项示例如图2-1所示（甘特示意图）。

序号	工作内容	实际工作进度				完成日期	负责部门	负责人
		3月	4月	5月	6月			
1	产品包装设计/制版	■						
2	终端物料设计	■						
3	广告创意\制作	■						
4	条码申请	■						
5	样品提供	■	■					
6	新品测试		■					
7	财务核算		■					
8	大生产			■				
9	试销			■				
10	进入正常新品上市流程				■			

图2-1　新品上市准备甘特示意图

在上述工作内容中，列出的都是新品开发中的关键业务，比如包装设计，包装已经成为营销一大要素，为营销新增了一个“P”。

包装是产品与消费者沟通最直接的工具。包装的材质及外观设计要符合产品的价格定位，避免优质产品劣质包装或过分夸大产品价值感给人华而不实的印象。包装设计力求风格统一，不同产品的包装从外观、形式、色调上必须有统一的视觉效果，多种产品摆在货架上，消费者一眼看过去就知道这是同一厂家的产品——这种陈列效果才有视觉冲击力。

包装的色调、图案、文字设计和整体风格要符合目标消费群的心理特征，使之产生情感共鸣。包装要考虑到产品在终端的陈列效果，比如色彩对比鲜明，要能从卖场货架上成百上千的同类产品中凸现出来。宝洁公司所用的货架模拟测试就可以借鉴，它能测出你的包装能否“跳出来”抓住消费者的眼球。有的产品在货架上甚至没法摆整齐（如榨菜），所以包装上就要作改进；而如洗衣液厂家，虽是袋装液体，也能立得起来，利于终端展示，这就是对包装的考量。

另外，包装设计绝不可过分复杂。一般来讲，产品包装上需要凸显的要素不要超过 3 个：品牌、规格或口味，还有产品利益点（宣传口号）。产品利益点的凸显尤其重要，消费者就是根据这些广告语识别不同产品的，而且厂家也可以借此最大限度地凸显其产品特色，如康师傅方便面的“就是这个味”、统一鲜橙多的“多 C 多漂亮”等。切记不要在产品包装上表现太多的内容，“太多的重点等于没有重点”。统一集团新推的瓶装水包装内容就极简洁，但品味却很高。如果确实有一些较复杂的传播内容，可以使用附在产品外包装上的告知卡、促销条来补充新品上市信息。例如，华润（啤酒）集团的“零点啤酒”，上市之初用的套在瓶颈的“领带”可以传递很多内容，而且可以灵活更新，当然这会增加包装成本。

安排新品上市：为新品进一步上市做好指引

安排新品上市就是“新品上市的策略规划”，说得直接一点叫“纸上谈兵”，说得深奥一点叫“运筹帷幄”，是对该产品如何上市销售的策划和准备的过程。这是对目标实现路径的思考，也可以帮助统一各方行动，提高资源的使用效率。例如，产品在各区域是同时上市吗？不同渠道的铺货进度计划如何？渠道及消费者促销如何做？宣传活动如何安排？新品销量预估、费用预算怎样？

新品上市计划定稿提交上级审批后，接下来就是确认执行产品上市计划所需要的各项细节工作是否到位。特别是要再次组织各相关部门开一个上市说明会，这是产品正式投放市场前最后的内部资源整合及沟通过程，是新品上市的誓师大会，是对销售人员讲解新品上市计划的培训大会。上市说明会必备步骤如下：

（1）在上市说明会举办之前，产品经理必须确认各项工作的进展是否按计划达成。

（2）上市说明会的主要内容应包括：

1）产品经理针对新品上市计划的简明介绍。

2）新品试吃、试饮、试用。

3）广告宣传片呈现及广促品使用说明（海报、吊旗、特殊陈列架及活动赠品等）。

4）消费者主题促销活动及现场活动演练。

5）提问与回答。

6）确认各销售区域预估销售量。

7）销售团队的组织激励。

8）与生产、研发、物流确认产能及发货进度。

（3）视销售区域、市场规模及产品上市复杂程度的不同，如有必要以销售大区为单位分区域进行上市说明。

另外，新品开发过程多半是市场部主导的，包括产品经理岗位多半也是设在市场部门。下一步的工作，其实就是交由销售部门主导了。在这个衔接过程中，我们提醒对新品上市计划的可执行性要特别重视，很多新品的夭折原因都在于此。新品上市过程最常见的是销售部和市场部之间相互指责，销售部说市场部的方案不合实际，市场部却说销售部工作不力。如何避免这种内耗现象出现呢？

首先是组织分工的问题。不少企业将上市计划中渠道促销的工作交给销售部，市场部只负责消费者促销。这样做优点是避免市场部与销售部之间相互扯皮，而且销售部做的渠道促销方案往往更有针对性；缺点是销售部制定渠道促销政策往往倾向于销量的即时提升，如果压货，会造成促销片面和费用增加。另一种方法是，市场部在上市计划中对每项促销活动的执行细节全部详细列明，对销售部人员各环节工作形成具体的行动指引，同时在执行过程中对各促销活动每一步骤的执行情况进行实地调查和数字追踪，及时纠偏。

但这样做会有市场部监督销售部的嫌疑，更容易引起两个部门之间的相互指责而形成内耗。

不管哪种方式，市场部、销售部一定要有一个人说了算，如有一个营销副总同时领导两个部门，而这位营销部领导要具备全面的企划、销售知识，并且同时对销量、费用负责。这样，营销副总会利用专业技能和领导权威去协调这两个部门之间的矛盾。

其次，上市计划的重心是在各地上市进度、铺货进度的安排和渠道促销、消费者促销等执行内容的设计上，市场部要广泛走访一线市场，加强与销售人员的沟通，增强方案的可执行、可操作性。

最后，方案的撰写要真正落实到细节上。促销方案由市场部撰写，由销售部执行。为防止执行与设计相违背，造成各部门互相扯皮、责任不清，市场部的促销活动一定要尽可能落实到细节。一般情况下，促销方案必须落实到以下细节：

（1）促销时间：精确到天，如4月5日至5月5日。

（2）促销地点：精确到最小区域，如对所有县级城市。

（3）促销目标客户：精确到具体区域渠道、具体的客户遴选方法。

（4）促销执行人员：精确到具体岗位。

（5）促销内容：精确到促销政策和限制条件，并保留最终解释权。

（6）报销标准：防止促销资源流失，如堆头费报销要提供批复过的申请、堆头照片和盖超市财务章的发票以及监查记录等，零售店铺货赠品报销要求有每一个店主地址、电话、进货、赠品登记和店主签字。

（7）促销方式：精确到促销活动每个步骤的细则表现：

1）必须分不同渠道作出铺货要求，如某休闲食品铺货要求如表2-1所示。

表2-1 某休闲食品铺货要求

		上市后数值铺货率要求		
渠道	重要性	1个月	2个月	3个月
大卖场	☆☆☆☆☆	60%	80%	90%
中小超市	☆☆☆	50%	70%	80%
学校	☆☆☆☆☆	60%	80%	90%
网吧	☆☆☆☆	60%	70%	80%
批发市场	☆☆	30%	40%	50%
社区小店	☆☆☆☆	40%	60%	70%

2）尽可能用图示表示。比如，批发市场堆箱奖励、零售店专用自制陈列货架、超市特殊陈列方式、广宣方式，甚至割箱陈列中把一整箱产品割成展示箱的整个步骤等全部用照片加辅助文字和数字说明的形式体现，制成PPT文件，沟通会更加清晰精准。

3）多用数字要求。比如，我们在对双汇“大肉块”新品在终端陈列的要求是：零售店保证陈列2个以上排面，要求在视频线和取物线之间（1.1～1.6米之间）位置，货架上要有“爆炸花”提示新品，店内要有4个空箱堆放以及新品POP至少1张，一定要让小店老板品尝我们的产品并进行介绍、引导。

4）对各项工作细节尽量提出建议标准，如零售店标准推销话术、铺货小组人员分工（谁推销、谁看货、谁收钱、谁贴POP）等。

执行上市计划：把梦想变成业绩

新品到了销售环节，一开始要特别注意端正整个销售部的工作风气，提高士气。很多新品实际上是被我们自己先判了死刑的，业务团队都没有信心，又如何让客户有信心去推呢？同时，要增强员工方向感，让他们知道怎么做，齐心协力把上市计划执行到位。

首先，要让业务团队重视新品。

如果上市前没举行声势浩大的新品动员大会，上市后没有在销量任务制定、日常销售报表、销售例会、人员奖金考核等问题上体现出对新品推广的格外重视，业务人员自然就会感觉新品上市是在正常的销量目标完成之外的额外任务，公司似乎也不是特别强调。一旦销售人员对此掉以轻心，新品上市必败无疑。因为这样的话，大多数业务人员就不会主动去费心费力地推新品，大家都会把注意力集中在给成熟品项做促销、迅速提升销量上，因为这样做要轻松得多。

如何提高销售队伍对新品推广的关注度呢？可以从以下几方面来做：

（1）新品上市前召回各区销售主管和经理做产品上市说明大会。

（2）对各区业务人员专门制定新品销量任务。

（3）日常销售报表、月会报告中要体现对新品销售业绩的格外关注。

(4) 上市执行期间，销售例会中新品业绩要成为主要议题，对不能如期完成新品推广任务的区域要求作出“差异说明”，并进行奖罚激励。

(5) 举办销售竞赛（如评选新品销售冠军）对优胜者予以公开表彰和奖励（如颁发“销售精英”证书，安排销售精英境外旅游，并发给专项奖金等）。

(6) 针对考核制度，要把新品销量达成从总销量达成中提出来单独考核。

(7) 高层领导对新品推广不力的区域亲自检核，指出工作漏洞，现场奖罚，并通报全厂。

(8) 在新品大规模投放前，外聘讲师做全国巡回培训，在培训会议上提信心、看榜样、找方法。

其次，要提升业务团队运作新品的信心。

销售部门似乎对新品天生有抵触，几乎每次新品推广都能听到言语偏激、发牢骚的言论，因此企业一方面要广开言路听取一线人员对新品及其上市方法的建设性建议，另一方面对不负责任的负面言论要尽快查办，以免其“妖言惑众，扰乱军心”，一旦确定要做了，就不再有讨价还价的余地。

(1) 端正会议风气，倡导“多提建议，少提意见”的管理氛围。提建议，说明有问题、有思路、有方法，说明你是在用心做事；

提意见，就是叫苦叫累，小企业与大企业比广告，大企业的业务人员又与小企业比产品价格，这都是在找借口。工作有难度，才恰恰能体现我们业务人员的价值，只是一味地叫苦找借口，那就是态度问题了。

（2）领导亲自督办，在总部附近区域作出一块样板市场来。月会时请各区销售主管现场参观，一来是学习新品运作的成功经验，二来证明新品好销，完全可以上市成功，给全体人员增强信心。

（3）对新品销售业绩不佳的人，月会时让所有销售主管去他的区域开现场会，领导指出他在市场上的低级错误（如经销商库存不够、新品铺货率低、新品没进商超等）并现场处罚，让大家引以为戒，帮助他认识自身的错误，使他的所谓牢骚不攻自破。

（4）要确保员工方向感明确。在对新品上市的跟进过程中，如果只注意销量，常常会造成销售人员面对新品销售感到茫然，不知从何处下手。方向感是最好的激励，企业要通过对新品上市过程中各项过程指标的要求，给业务人员以方向感，让他们明白“过程做得好，结果自然好”。只要能把新品推广的过程指标（如铺货、陈列、促销执行等）落实到位，销量自然能提高。

最后，要给销售人员运作新品指明方向。

（1）新品上市计划中对各环节铺货、促销工作作出详细规定，形成销售人员的工作指引。

（2）日常工作中要重视过程管理。新品运作重要的是过程有没有做好，任务达标倒在其次。具体指标要点可归结如下：

1）经销商有无新品的合理库存。

2）新品终端价格是否符合公司指引。

3）新品通路价格是否稳定，是否管理好经销商的出货价格，保证层层有钱赚。

4）A类商超进店率是否达标，是否在超市中占据优势排面。

5）批发市场铺货率是否达标，有多少POP、条幅、堆箱布置。

6）零店市场铺货率是否达标，是否摆在最显眼的位置，有多少POP。

7）各区经理是否在自己区域的下属员工中掀起推广新品的工作热潮，是否明确这几个月下属奖金考核重点是新品业绩。

追踪上市表现：及时纠偏，确保过程有效

新品上市执行过程中，企业尤其要注意对新品销售相关业绩数字的分析和关注，特别是对过程数据的关注，体现管理精细化的要求。

第一，要及时掌握新品在各区域及渠道的日、周、月销量表现。通过跟进销量表现可以给业务人员制定或调整目标，并将之分解到能落实的区域、客户或业务人员身上。日、周、月销售可制成可视化曲线图，建立预警系统，及时跟进弱势区域和弱势渠道，探询原

因，解决问题。销售日报表（累计），如表2-2所示。

表2-2　华南大区销售累计日报表

部门：华南大区　　日期：9月2日

销售日报表（累计）								
	办事处1		办事处2		办事处3		合计	
	销量/件	占比（%）	销量/件	占比（%）	销量/件	占比（%）	销量/件	占比（%）
品项1	198	33	1401	50	248	25	1850	46
品项2	302	50	399	16.7	602	60	1300	32.5
品项3（新品）	100	17	600	25	150	15	850	21.3
目标	2000	/	4000	/	4000	/	10000	/
月累计销量	600	/	2400	/	1000	/	4000	/
月累计达成率（%）	30	/	66	/	25	/	40	/

此表反映华南大区各办事处、各品项（包括新品）的日销量、月销量及目标达成，各品项在各区域及累计完成的销售占比，传递出大量的销售信息。对大区经理来讲，通过上述数据可以实施以下管理：

（1）跟进重点品项——新品销量。本月整个公司品项3（新品）的出货比例偏低，未达成公司目标，要及时跟进新品的销量，找出原因，找出对策。

（2）跟进弱势区域，如办事处2新品推广业绩显著，有什么经验？办事处3新品业绩达成最差，有什么问题？

（3）了解新品推广各区间的达成进度差异，发现新品的旺销区与滞销区，询问经销商、批发商库存情况，为跨区调货做准备。

（4）跟进其他弱势品项、弱势区域，如办事处 2 今日达成率超前，但品项 2 的出货比例太小，存在什么问题？

第二，我们来谈谈月底工作总结及数据分析。新品推广阶段，在月度工作总结中要着重体现“分品项销售”观念，引导各地业务人员关注新品的销量成长，并给业务人员持续的压力和激励。月度会议数据分析，仅简单地根据销量和达成率考核各区工作是没有意义的，因为各地市场规模不同，市场基础不同，仅靠销量达成率很难客观评价一个区域的销售贡献。科学的月销售分析要达到以下目的：

（1）分析整个大区的当月销量、同期增长率、较上月成长率。对与去年同期相比销量有大幅成长或衰退的销售数字形成鲜明的对比展示，并进行可视化管理。

（2）引导各分区经理关注自己的出货品项占比是否健康。关注全品项销售，针对形象产品、走量产品、新品、竞争性产品、利润产品、边缘产品等不同的定位，要有不同的市场策略，同时也要检视我们市场工作的成效。

（3）排除市场容量不同、市场基础不同、任务量不合理等因素的干扰，客观公平地评估各区的新品销量及总体销量贡献。比如，别以为你的总销量大你就能“狂”了！你卖的都是成熟产品，你销量大是因为你管的城市大，把新品卖出去才是你的“本事”！新品销量达成率低，你可能说我给你的新品销售任务量太高，但你的区域新品销量占整个大区新品销量的比重，是在逐月增加还是逐月减少，这应该是最能反映你和其他经理相比是在进步还是在退步。这个指标应该算是“客观公正、无可抵赖”的。

（4）深度分析分公司地区分渠道的新品销量，如商超、批发、特通等，以把握新品销售的渠道策略。比如，可以发现新品上市后的重点销售渠道，及时追加投入人力及其他资源，加强渠道管理。例如，新品上市后，追踪到 K/A 店销量占 45% 以上，说明产品在 K/A 渠道有潜力，随即加强 K/A 店营业人员的力量，保证 K/A 销售不断货；通过对比各渠道销量，及时发现隐患，探求销量障碍的真正原因。例如：新品上市，通过数字计算追踪发现 K/A 店平均单店日销量太低，那可能是该区域新品推广在 K/A 店重要环节上出了大问题，要马上追究原因；某区域某新品品项（同时适合在 K/A 店和批发销售）在 K/A 店卖得很好，但批发起量却很差，说明不是消费者不接受新品的问题，而是该区销售工作不到位。因为商超是自选销售，产品在商超店可以卖得好，说明当地消费者接受该产品，批发没有理由不起量。

案例解读：宝洁润妍 PK 娃哈哈非常可乐

新品运作可以很复杂，也可以很简单。复杂的也有失败的，如宝洁的“润妍”；简单的也有成功的，如娃哈哈的“非常可乐”。本文选择这两个案例与大家分享，其中有许多可以思考的课题。

案例一：成功的宝洁，失败的润妍

宝洁公司等跨国公司的加入，不仅促进了中国洗发水市场日渐走向成熟，而且为中国消费者带来了许多洗发新理念。

在中国，宝洁旗下洗发水品牌有使头发柔顺的飘柔，有能营养头发的潘婷，有去头屑的海飞丝，还有让头发更亮丽的沙宣。其中还有一个消费者的“心智资源”，即让东方人的头发“黑而亮”，也非常有市场。1998～2000年，中国洗发水市场刮起了黑色旋风。夏士莲成功了，重庆奥妮成功了，河南民营企业鹤壁天元也成功了，但宝洁在这块地皮上想树立的“润妍”却栽了一个大跟头。

1. 精耕细作，怀胎三年

1997年，宝洁确定新品战略，开始了长达3年的市场调研与概念测试。宝洁在新品开发上采取其一贯的做法，从消费者到竞争对手，从品牌到包装等无不经过科学与严格的市场测试。

（1）首先是做产品概念测试。在研制产品之前，按照宝洁公司的惯例，首先要找准目标消费者的真正需求。为此，宝洁公司先后请了300名消费者反复进行3次产品概念测试。甚至进行“蛔虫”式调查。从被访者早上穿着睡衣睡眼惺忪地走到洗手间开始洗脸梳头，到晚上洗发卸妆，女士们生活起居、饮食、化妆、洗护发习惯尽收眼底。经过反复3次的概念测试，宝洁公司基本把握了多数消费者心目中的秀发概念——滋润而又具有生命力的黑发最美。

（2）根据消费者的普遍需求，宝洁的日本技术中心随即研制出了冲洗型和免洗型两款“润妍”润发产品。产品研制出来后并没有马上投放市场，而是继续请消费者做使用测试，并根据消费者的要求，再进行产品改进。

（3）设立模拟货架，检验包装的美观程度。将自己的产品与不同品牌特别是竞争品牌的洗发水和润发露放在一起，反复请消费者观看，然后调查消费者究竟记住了什么，忘记了什么，并据此作进一步的调整与改进。

（4）让消费者选择他们最喜欢的广告。宝洁公司先请专业的广告公司拍摄一组长达6分钟的系列广告，再组织消费者来观看，请消费者选择他们认为最好的3组画面，最后概括绝大多数消费者的意见，将神秘女性、头发芭蕾等画面进行再组合，成为“润妍”的宣传广告。

（5）宝洁还委托第三方专业调查公司做市场占有率调查，通过问卷调查、消费者座谈会、消费者一对一访问，或者经常到商店里看消费者的购买习惯，全方位搜集顾客及经销商的反馈信息。

2. 市场推广，不遗余力

2000年，润妍正式诞生，针对18～35岁女性，定位为“东方女性的黑发美”。润妍的上市给整个洗发水行业以极大的震撼，其包装、广告形象、公共宣传等无不代表着当时乃至今天中国洗发水市场的极高水平。

（1）品牌诉求：针对18～35岁女性，产品目标定位为展示现代东方成熟女性黑发美的润发产品。广告创意采用一个具有东方风韵的黑发少女来演绎东方黑发的魅力。飘扬的黑发和少女的明眸将“洗尽铅华，崇尚自然真我的东方纯美”表现得淋漓尽致。

（2）产品选择：2001年9月10日，润妍一款新品在杭州面世，其定位不同于当时在市场占主导地位的二合一洗发水，此款产品不含任何润发成分，强调对头发的彻底清洁，润妍相信彻底洁净每一根头发是获得完美、健康秀发的第一步。

（3）上市之地：选定了杭州这个孕育着无限商机的市场，此为商家必争之地。杭州是著名的国际旅游风景城市，既有深厚的历史文化底蕴，又具有鲜明的现代气息，杭州女性与润妍要着力塑造的既现代又传统的东方美一拍即合。

（4）公关宣传：在产品推出时，宝洁公司还举行了一系列公关宣传。如：1999年8月，宝洁在上海隆重推出《中国美发百年回顾展》；赞助中国美院，共同举办“创造黑白之美”水墨画展；2000年赞助电影《花样年华》及“周庄媒体记者东方美发秀”等活动。

（5）网上推广：开设润妍网站，通过提供丰富的产品介绍、护发知识、品牌近期活动预告、跟踪报道等内容来教育消费者，同时也刺激了消费者的购买欲望。

（6）网下活动：店内促销；试用装派发，让消费者尽快认知产品；润妍俱乐部之“Friend's recommendation”活动；润妍女性电影专场，等等。

3. 业绩平平，悄然离市

2001 年 5 月，宝洁收购伊卡璐，表明宝洁在植物领域已经对润妍失去了信心，也由此宣告了润妍的消亡。2002 年 4 月，润妍全面停产，一个经历 3 年酝酿、上市刚刚 2 年的产品就这样退出了市场。到目前为止，宝洁在中国的 18 个品牌，均是其已有的国际化品牌。宝洁 1988 年登陆中国以来，针对中国消费者研发却又因为种种原因退出市场的品牌里，润妍是第一个，也是唯一的一个。

据业内资料显示，润妍产品在过去两年间的销售额在 1 个亿左右，品牌的投入大约占到其中的 10%。两年中，润妍虽获得不少消费者认知，但其最高市场占有率不超过 3%——这个数字，不过是飘柔市场份额的 1/10。

4. 为何润妍不能成为宝洁的第五大品牌？

（1）目标人群有误，失去需求基础。

润妍将目标人群定位为 18 ~ 35 岁的城市高知女性，从广告到包装都体现了素雅和高贵，但问题在于这部分人群是否是真正的购买者。她们属于社会阶层中的潮流引导者，她们的行为特点就是改变与创新。黑发从某种意义上讲也是最守旧的一种，就像村里的姑娘叫“小芳”。

夏士莲黑头发的概念更是建立在“健康、美丽夏士莲”和“黑芝麻”之上的，它们所针对的人群，基本上都是大众化和普通的家庭使用者，这部分人群具有讲求实用、购买能力较低的特点，而“黑头发”是与生俱来的特质，符合她们在基础护理层面的直接效果和心理联想。于是，问题出现了，润妍将目标人群锁定为这样的人群，仅仅提供“黑头发”的优势，也许是润妍最大的败笔。

（2）品牌自视太高，遭遇推力障碍。

宝洁因为有四大品牌的缘由，已经成为主导渠道的代表，每年固定6%左右的利润率成为渠道商家最大的痛，只是因为消费者指名购买的原因，不得不做宝洁的产品，但是也仅仅是在四大品牌范围内。作为一个新上市的品牌，润妍当然不具备这样的实力，于是乎思维定势造成的利益矛盾就十分明显了。

一方面，宝洁以过去的经验确定润妍的价格体系，另一方面，经销商觉得没有利润空间而消极抵抗，致使产品没有快速地铺向市场，有广告见不到产品的现象在宝洁也出现了。一些当时代理宝洁产品的经销商现在总结润妍的失败原因就是只注重广告拉动而忽视渠道推动。一贯作风强硬的宝洁，当然不会向渠道低头，当然渠道也不会积极配合宝洁的工作，润妍与消费者接触的环节被无声地掐断了。宝洁当初若能适度让出部分利润空间给经销商，或许能够更好地实现双赢。

案例二：娃哈哈的非常可乐

创立于1987年的杭州娃哈哈集团，以保健品起家，20世纪80年代末90年代初，活跃于市场上的“喝了娃哈哈，吃饭就是香”的产品——娃哈哈儿童营养液是创牌产品。

1992年，娃哈哈集团公司开始推出第一个饮料产品——娃哈哈果奶，如AD钙奶；1996年，公司开始推出娃哈哈纯净水，获得巨大成功，当年成为全国市场占有率第一的产品。1998年推出娃哈哈非常可乐，接着，陆续推出了冰红茶、冰绿茶等茶饮新品，从而进一步打开了市场空间。目前，娃哈娃经营6大品类30多个品种，其中碳酸饮料、含乳饮料、八宝粥多年来产销量一直位居全国前列。

严格地说，娃哈哈集团推出的大部分产品都是跟进模仿的，节省了大量的前期费用，减少了市场风险，提高了新品推出的成功率。

其成功要素有三。

一是在模仿中创新，不做第一创新者，但紧跟并超过第一创新者。娃哈哈开发的第一个产品是儿童营养液，当时国内做营养液的企业已达30多个，但没有一种是针对儿童这一目标消费者的。娃哈哈抓住了这一细分市场，并挖掘出“吃饭香”这一卖点，采用“喝了娃哈哈，吃饭就是香”这样的感性诉求，同时引发大人和儿童的互动。AD钙奶是乐百氏先推出的，但娃哈哈跟进时加上了“吸收”的概念。娃哈娃做茶是跟进康师傅和统一的，但先行者只是宣传这类产品的共性，娃哈哈推出时省去了共性宣传，强调其个性——天堂水，龙井茶。娃哈哈非常系列中，非常可乐跟进可口可乐和百事可乐，针对男性市场；非常柠檬模仿雪碧，针对女性市场；非常橙汁模仿芬达，针对儿童市场。且非常系列在市场推广初期避开了可口可乐公司的核心市场——城市市场，走农村路线，这是一种柔道战略。

二是掌握投放时机，在规模化市场形成的时候投放。

三是讲究速度。可口可乐公司自认在市场推进速度方面比不过娃哈哈，这得益于娃哈哈的网络优势和统一、集中的组织构架与决策机制。有了这个基础，才能在快速推出的同时，迅速形成规模优势，进而转化为成本优势和竞争优势。

宝洁润妍和娃哈哈非常可乐的案例，对我们有很多的启示。其中我想说的一点，是在中国这样还不够成熟的市场运作新品的逻辑。

理论一直告诉我们，营销的逻辑是，先研究消费者的需求，然后提供我们的产品去满足之，来获得我们想要的东西。宝洁润妍就是这么干的，花了3年时间，甚至用上了“蛔虫式调研”，但结果还是失败了。其实，在中国运作新品的逻辑应该是反过来的，即我们卖什么，消费者就会买什么。娃哈哈就是这么干的，它的产品历来缺乏“创意”，但是通过其强大的销售网络，可以很快形成广泛的铺货率，在终端做好生动化，再辅以必要的消费者拉动措施，很多情况下就有了很多机会。

为什么跟着消费者的需求走不行呢？那是因为中国的市场还不成熟，消费者不理性。如果说在美国这样的市场你研究消费者心理和行为打的是“固定靶”，那么在中国你研究消费者心理和行为无异于在打“移动靶”。润妍也是一样，当宝洁研究得出消费者喜欢头发“黑而亮”，3 年后新品上市时，中国的消费者却以头发的“黄而卷”为美了。我们为什么买这件产品？逻辑其实很简单：因为你买，他买，所以我也要买！

别克车如何？估计大家都还感觉不错。可是别克在本土的内涵却是“老爷车”（来到中国后，定位也许不同了），即那些没有什么社会地位、没有什么经济收入的一帮人开的车。如果你早知道是这样的内涵你还会买别克吗？肯定就不会了。那当时为什么就买了呢？因为你看到他买了，他比你还有身份；他也买了，他比你还有钱；因为他买，他买，他也买了，所以你也很想买辆开开，就是这个逻辑！

有一种产品叫“土掉渣”烧饼，不知各位听过没有？从这种产品定位上，我这样的人估计也不是他的目标消费人群，但我却买过十几次。饼嘛，馅一般在里面，它却放到了外面，放到外面的一般是披萨，可是这种饼又烤干了，于是馅就容易掉，并且没有堂吃的，所以这种饼的吃相就是，边走边吃，边吃边掉（馅），所以叫土掉渣了。按这种吃法，说实话我估计就不太适合了，有点“斯文扫地”的感觉。那我为什么买了十多次呢？下午六点下班了，肚子有些饿了（有了需要），远远闻到土掉渣烤制的香味，心想“要不来块烧饼？（有了欲望）”，这时还有些顾虑。可是当我走到烧饼摊的时候，这点顾虑也就不存在了（有了需求）：一大帮人在排着队买这烧饼，不乏一些西装革履的白领们，你说我又在乎什么呢？于是也毅然排起了队！各位听明白了吗？因为他买，他买，他也买，所以我也想买，就是这个逻辑！

再次强调娃哈哈给我们新品运作的启示：让新品迅速地、广泛地形成有震撼效果的终端覆盖，营销“卖”的是氛围，我们卖什么，消费者就会买什么！这样理解后，对我们运作新品就更有信心了。

第二节　新品上市的策略要点

规划，就是“纸上谈兵”，说得好听一点叫“运筹帷幄”，以使我们能在一个缜密的思考框架下，运作你的策略。本节介绍新品运作的关键策略点，并帮你用价值链等工具进行周全的思考。

销售系统看新品需要“删繁就简”。你要考虑的是新品出来之后，作为销售部门你的职责是什么。不要再花太多心思去评议新品的创意、价格、广告啦；你把你该做的事，比如经销商进货、多元渠道运作、铺货、终端形象维护、促销活动做好再说别的吧。国内很多新品死就死在销售系统的“市场思维”太强，而自身的事又没做好。

勿抱怨：不必太在意产品的“创意”

区域团队，不论是经销商还是业务人员，在看新品样品时，一个个都像是“营销大师”，什么市场细分呀、定位呀、广告创意呀、产品卖点呀等。特别是他们总习惯了从负面的角度评价，似乎一开始就要为后面“做不起来”找好借口。这样抱怨是不行的。

到了销售系统看新品，最好还是删繁就简。就这个产品了，现在要重点思考的是“怎么样能做起来”，而不再是“要不要做”。“要不要做”是市场部的事，他们已经完成了。销售部的事就是“怎么样能做起来”，所以你想的应该是铺货、供货、竞争、活动的执行等。纠结于所谓产品的“创意”太多，就有点“狗拿耗子”之嫌了。

而实际情况是，真正的营销高手，是不会太在意产品的，而且要把“同质化”的产品“卖出不一样来”。看看市面上卖得火的产品，未“成事”之前都不是最好的。做火了嘛才是什么都好，所以成者王败者寇。比如某凉茶在做起来之前，那种大红罐的包装其实很土气，我觉得利乐包的也很好呀，可为什么就做不起来？这哪里是产品的问题，完全是销售运作问题。

近日我在浙江和江苏两地的中档餐饮吧用餐，当我点名要王老吉时，服务员竟很自然地拿来了加多宝！我特意提出异议，说我要的是王老吉呀，服务员告诉我只有加多宝……至此，我觉悟到加多宝与王老吉之战其实胜负已分。从消费者心智（就是我们常讲的市场细分、定位、卖点等）来讲，加多宝替代王老吉现在成效一般，但从渠道上来讲，加多宝已经胜了。

娃哈哈在产品开发方面，跟随战略用得一直很棒，本书中也有分析，它的产品都是模仿别人的，但又可以青出于蓝而胜于蓝，比对手强个半步，借了很多力，这是“长江后浪推前浪，把前浪拍在沙滩上”的重要保证。

最迅速、最广泛地形成有震撼力的终端覆盖

在娃哈哈的案例中，我们详细分析了在中国市场做新品的逻辑：最迅速、最广泛地形成有震撼力的终端覆盖，是新品成功的重要保障。

迅速是指要快，产品快速分销、快速铺货、快速进行消费者拉动，会形成一种“势能”。当然，我们说的快，是有节奏的快，节奏里有策略，如选好时机、选好区域，恰当的投入等。

广泛是指铺货率高，即有更多的网点卖我们的产品，加权铺货

率也高，即卖我们产品的网点有许多有质量的店，并且要做好维护，保持住高铺货率。

有震撼力是指产品铺下去后的终端形象，在位置、排面、物料使用方面要比竞争对手强。新品要在显著的位置用较大的排面，配合爆炸花、堆空箱等特料，以突出展示。

着力于这三个条件，是做好新品的重要策略。

合乎天时地利人和

天时，是指上市的时机。淡季上新品，操作的难度就要大一点。旺季来临之前上新品胜算就会更多。地利，是指区域的选择。在竞争对手薄弱的地区你的胜算就大一些；在你的强势区域推新品，资源也更有利一些。人和，是指内外两支团队的配合。任何事情都得靠人去做。新品推广不是标准化的工作，有许多主观性的、经验性的东西，这种状态下人的因素就尤其重要了，这包括我们企业的业务人员以及经销商团队。如何调动他们的积极性，让他们有策略、有方法，成为内外两支英勇善战的团队，新品胜算就多了许多。如果经销商愿意推新品，并且有能力，基本上已经成功了一半；反之，就算你帮着去铺货累得要死，也很难成功。所以，本书最后一章花了较多的篇幅来引导经销商去推新品。另一个团队就是你自己的业务团队，他们推新品的意愿和积极性同样重要，需要我们去引导、鼓动和维护，誓师大会这样的方式也要常采用。

天时地利人和，是引导我们在新品上市过程中关注得更周全，要谨慎行事、稳扎稳打、步步为营。

渠道推拉要结合

有效满足渠道商和消费者的利益是新品成功上市的助推剂。

渠道商的获利能力是关键，如价差设计和保证（如市场秩序稳定，窜货可控等）、返利设计等都很重要。宝洁自视品牌太高，在推润妍时没有注意到经销商的利益，也是润妍失败的重要原因。再如对于批发商而言，他们是唯利是图的，你留的“缝”（即利润空间）的大小，决定了他们推你的产品的力度。

另一方面就是针对消费者的渠道的拉力。这一点我们大都能了解其重要性。但费用如何投、促销如何搞还是需要策略的。更为重要的是，推和拉能否结合、借力。没有铺货率，做广告推广是没什么意义的，衔接不好，厂家的力道也传不到真正的目标市场。

一般来讲，若是新市场新品，在你渠道还不够强的时候，需要多一些推力，以尽快提升铺货率；若是老市场新品，因为渠道已很完善，铺货不成问题之后，拉动就可以多一点；新品上市的初期，为鼓励铺货需要更多推力，货铺下去后需要投入更多拉动，等等。

2011 年春节前，双汇集团推“大肉块”火腿肠，其晋蒙大区执行力非常强，很快达到了目标铺货率。可是铺下去后缺少相应的拉动措施，对陈列位置、面积上没有特别要求，而且适值淡季，铺下去后动销很差，春节过后渠道临期品给业务团队带来了很大麻烦。在这种情况下，大区经理要求货铺下去后必须要有拉动措施，比如必须保证 2 个以上的排面，又堆空箱、贴爆炸花、售点张贴 POP、一定要让零店老板品尝“大肉块”等，再加上适当的消费者促销活动，情况才慢慢好起来。

多元渠道的拓展

新品推广要求有广泛的渠道覆盖，这就得多元渠道去运作。经销商成长经历不同，每个客户的渠道特点也不同。在新品上市时，很多客户习惯只走自己原有的渠道。做商超的，只进了几个店；做批发的只走批发，这样是不行的。

对企业来讲，要有全盘考虑，一个区域有可能需要几个客户同时去做，使得渠道运作多元化，商超、餐饮、流通、校园车站景点等区域都有人做，以实现最大的终端覆盖。对客户来讲，做新品不能只靠原有的渠道去“带动”，一定要积极拓展适合这种新品的渠道和终端，有些新品还不一定适合你现在的渠道，还要防止“搭错了车”。

我们首先要考虑，你这种新品适合哪些终端去卖（这个问题的前提实际上是对目标消费人群的消费心理和消费行业的研究了），然后看是哪些供应商提供了这些终端产品，然后再和这些供应商建立联系，就构建了一条条渠道，实现多元运作。比如某种“竹饮料”，我们发现，上海这边地铁、商场等有自动售货机（终端），是谁在给自动售货机加货呢？找到相应的批发商或经销商，厂家再和他们建立起商业合作，这样从经销商到终端的渠道就建立起来了，你的饮料就可以卖进自动售货机进行售卖了。

当然，多元渠道的拓展也是要考虑步骤和节奏的，不可能一拥而上、一蹴而就。

新品上市，一定要快

首先，从成本上来看，市场快速突破是代价最低的营销方式。就如同在十分钟内用猛火烧开水，比用一天时间用温火烧开水更节省能源，市场快速突破是代价最低的营销方式。因此新品启动市场保证要有足够的投入外，还需要能集中使用，快速突破。有些企业做市场舍不得投入，或没有信心不敢投入，总是不断试探性地小额使用资源，结果是钱没少花而效果不佳。做市场就是做势，只要找到有效的模式，就要敢于在短时间内强力投入，这是快速启动市场最有效的方式。做市场最难受的就是，市场不温不火，投入不多不少；追加投入心里没底，不做投入心有不甘。

其次，从应对竞争的有效性来看，速度可以抗击规模。卡西欧经营模式是“以速度抗击规模”理论的经典案例。当年卡西欧刚进入市场时，在电子计算器市场，第一方阵以索尼、日立为代表；第二方阵以松下、东芝为代表；第三方阵以夏普为代表。这等于说刚创业就一头撞在了这些巨无霸身上。但仔细研究后发现，在这个市场上独占鳌头的是夏普，因为夏普的经营方式不一样，它比别人以更快的速度推出新款，实现暴利。等别人也推出新款时，它早已准备放量，量一上去，单价就往下走，然后再把量存起来。等对手刚推出新款，它已经存量了。等到对手也跟进存量时，它又把存量放掉了，又一新款推出。它推新款的速度很快，以25%的速度推出新款，以100%的速度拉高产量，以50%的速度拉低售价。以这种方式竞争太有力量了。最终，夏普占市场份额30%。

卡西欧看到夏普的这种运作方式，认为自己只能比夏普做得更快，才有赢的余地。于是决定以50%的速度更新品种，以200%的速度拉高产量，以100%的速度拉低售价。5~6年时间，卡西欧从一个很小的企业做起，以这种方式最终打败了这些巨无霸，占有市场份额的34%。夏普跌落到了17%，而松下等一些大公司纷纷退出了这个市场。由此我们可以看出：企业，特别是中小企业，在应对竞争的时候，一定要有速度！

再次，时间是最重要的营销资源。我们提到营销资源时，能看到的多是产品毛利空间、人员的投入、品牌的拉动力等，但在我看来，首先应该充分利用和挖掘的是时间资源，因为时间最没有“弹性”，这才是最重要的资源。日本的许多企业很看重时间资源，如开会，他们最讲究开会效率，绝不开无用的会，他们每次开会之前，都在会议室里张贴本次会议的成本、多少人参加、开多长时间、每小时工时费用，最后累计起来公布，使主持会议的人和参加会议的人心中有数，开短会，开高效率的会，不说废话。日本的会议室不像我们国内这么舒适，而是十分简陋，不但无烟无茶，而且没有椅子，开会的人都站着开，用简陋的条件控制会议的长度，管理时间资源，提高开会的效率。我们的业务人员在向总部要促销政策时，你有没有考虑使你每天一两个小时的晨会开得更有效率一点？如果真的重视时间作为营销资源的价值，如在新品上市时，我们若能以最快的速度铺到终端、快速上架、快速有效地开展消费者拉动，我们就会省掉许多应对竞争所需要的营销资源投入。

最后，没有速度的风险才是最大的风险。速度快了会增加风险，但没有速度的风险才是最大的风险，就如同在高速路上开车很难拐弯，但你把车停在高速路上风险也不见得小。在 IT 行业有个案例说，在电子计算机发展的早期，市场上的产品以大型机为主。直到 20 世纪 70 年代末 80 年代初，个人电脑（PC 机）才开始快速发展。为了顺应这一潮流，1980 年，大型机的主要厂商 IBM 开始推出自己的 PC 机。为了加快上市速度，IBM 决定从外面采购操作系统安装在自己品牌的个人电脑上。开始他们看中了拥有当时最先进的操作系统 CP/M 的数码研究（Digital Research）公司，但数码研究公司觉得 IBM 的 PC 机上市时间太仓促，自己没有足够的时间来改进 CP/M，因而拒绝了 IBM 的要求。这样，微软获得了这个大订单。可是比尔·盖茨同样没有时间开发新的产品。于是，他走了个捷径：买下了 CP/M 的克隆版本 Q-DOS 然后升级成 MS-DOS，把它卖给 IBM。此后，微软把 MS-DOS 安装到其他跟 IBM 兼容的机器上，如康柏，从而为日后成为世界第一大软件公司奠定了基础。

数码研究公司由于过分注重完美，对市场的反应速度慢而错过了一个极好的机会。而比尔·盖茨则不同，他知道速度与完美孰轻孰重，产品先卖出去是先机，以后可以慢慢改进（注：其实微软的许多产品都是不完美的，所以微软网站上总有各版本的操作系统补丁下载）。的确，在今天的市场上，没有速度的风险才是最大的风险，数码研究公司没有认识到速度的重要，一味追求产品的完美，导致反应迟缓，必然导致落后于人。新品出炉后，只要想好，就不再犹豫，世间本没有完美的事，等什么都准备好了，许多机会也就不在了。

最后，快速能提升员工士气。陀螺要以一定的速度才能旋转，员工也需要一定的速度来激励。当企业处于快速上升时期，员工的满意度和成就感也相应地在上升，这会使他们在今后的工作中更加卖力。快速反应还会激励员工形成不断学习、不断完善自己的风气，因为他们知道必须适应企业的发展速度，否则就会被淘汰。当然，企业效益的提高也会在薪酬等物资方面强化这种效果。

所谓“大火无湿材，大水无沉沙”。企业快速发展也能为员工提供更多的发展空间，激励员工士气。在快速发展的企业，普通人才被当作优秀人才用；在没有发展的企业，优秀人才被当作普通人才用。个人的发展需要借助企业的发展势头，企业快速发展，业务员就能借势而为。湿材也许无法单独燃烧，但借助熊熊烈火就能燃烧起来。

综上，从市场拓展的成本、应对竞争的有效性、营销资源的获取、风险的规避、团队建设五个方面分析，说明了营销特别是新品上市，需要快速突破才更有效。希望对那些“慢性子”的营销人有所启发。

集中资源做样板

做市场要快，又要应付竞争，又要讨好消费者，凡此种种都是要花钱的，而资源总是有限的。奥巴马来到中国还要借钱呢。那如何应对呢？经济学其实给过我们一个提示，就是集中！

首先是产品要集中。新品一次性不要推得太多，推一个成一个才是真本事。而要推 10 个，多半就得死 10 个！所以区域在选择新品时，试销阶段可以选两三种，尽快发展有潜力的品种，然后集中精力就做这个，别把摊子铺得太大。

其次，区域要集中。由于每个区域的消费情况、竞争情况等迥异，新品上市肯定要针对性地设计推动及拉动政策及方法。集中区域会事半功倍。而在这个方面，国内企业其实都还比较粗放。国内市场实在太大，“一不小心”就是一个省一个“华南大区”的。比如深圳和广州这两个市场，很多企业就当作广东市场，甚至由华南市场统一去运作。而实际情况是，深圳和广州消费情况差别很大，如外来人口深圳更多，深圳人口更年轻化，深圳人喜欢晚上约几个朋友到酒吧坐坐，而广州人喜欢早晨带着家人一起去喝早茶。所以华南市场“统一运作”，是相当的粗放了。

再次，渠道要集中。比如，快消品可走商超、流通、餐饮、特通等多种渠道。广泛的覆盖是最终追求，但在推进过程中得有步骤地开展。白酒行业的“盘中盘”理论，就是先做好大型餐饮，然后往别的渠道拓展。香飘飘奶茶最早也就是从“网吧”渠道做起来的嘛。

最后，终端要集中。有些大型终端，如商超、大型餐饮等，每进入一个都会耗掉很多资源。建一个样板终端投入也很多，比如一个校园店你要他专销，锁店费也不低。青岛的黄岛有个校园店，一年火腿肠能卖个 6 万元，给企业开出的锁店费竟高达 8 万元！所以终端必须集中。

当然，在企业层面，在做新品时，客户也要集中。选择那些意识好、配合度高、有实力的客户及他们的区域去打头阵，是非常明智的。

集中，一方面如以上内容所讲的使资源的使用更有效率；另一方面，市场也需要集中，拿出样板，带给客户和团队的是信心，对我们自己来说也是经验的总结。深度分销就是指做透一个市场，再延展其他市场。

同时，要注意收集、提炼、传播新品上市的成功案例。新品上市展开以后，区域市场会涌现许多“英雄事迹”。销量大的、起量快的、新品占比高的、执行力好的、铺货率高的、终端形象好的、促销活动有效果的、客户配合好的、样板市场做得棒的等，一定不能听之任之。营销中心要有人收集、分析、提炼和传播这些生动的案例。

可以通过简报（或企业报纸中的专栏）进行宣传，这些身边的人、身边的事都是业代喜闻乐见的，都是我们总结经验、教育业务、提升士气极好的材料。

加强过程管理，推动新品上市的精细化管理

结果指标通常是指销量、销售额、回款率，而过程指标通常是指诸如客户开发、铺货率、订单满足率、信息报表传递效率、业务人员管理、客户投诉处理、售点形象维护、新品推广、促销效果评

估等。销售指标与企业或市场的发展成熟度密切相关，加强过程管理，是推动新品上市的精细化管理真实有效的方法。

我们回顾一下企业对销售人员的考核方法，大体有以下四种，这也反映了企业或市场发展成熟的过程。

第一种，只以结果指标为考核。

以承包制或无底薪的销售提存制为典型代表。在刚刚进入市场经济的时候，很多企业采取这种手段，一些政府机关的许多企业一承包便涌入了市场的洪流。企业只针对结果指标考核，市场的发展过多地依靠业务人员个人的能力而不是靠组织的能力。虽然也有像安利、雅芳这样的比较先进的直销企业还采用类似这样的做法，但总的来讲这是一种“粗放”的市场运作方法。

第二种，以结果指标为主，兼顾过程指标。

以有底薪、有销量任务的销售提存制为代表。这是过程指标与结果指标相结合，以结果指标为主的一种考核方法，也是目前国内中小企业采用最多的方法。比如福建雅客糖果省级考核指标中，除了销量等结果性指标外，还有重点客户终端铺货率、重点客户终端陈列表现等过程性指标。根据结果指标考核减弱，过程指标考核加强，企业也渐显成熟。

第三种，以过程指标为主。

与销量关系不大，只有过程指标的考核制为代表，反映出并不是没有结果指标考核就没有业绩达成的保障。宝洁门店管理人员的薪酬体系中，就没有销量的考核，他们拿的是固定薪水，而他们对过程指标如信息报表传递、客户投诉处理、售点形象维护要求得会更多，所以严格地说，这是一种更为完善的考核方法。

通过上述分析，我们看到市场营销战略在销售人员考核中的一些折射，它的背后，反映出的是成熟度不同的企业的不同心态。

成熟度低的企业之所以更多依靠结果性的指标作为导向，究其原因，是出于企业对于其营销战略的不自信。对于还没有完全解决生存问题的企业而言，他们需要的毫无疑问是销量和利润，至于是杀鸡取卵，还是养鸡生蛋并不是首要考虑的问题。而作为成熟度高的企业而言，它们显然已经获得了比一般企业大得多的市场份额，生存对于它们而言并不是首要任务，它们要保证的是良性的市场——这意味着要有稳健的分销系统，良性的货品及资金周转以及有序的新品开发等。所以，是重结果还是重过程指标考核的变迁反映了企业/市场的发展成熟度的变迁。比如某休闲食品企业发展之初对业务人员只有销量及回款率的考核要求，发展之后又增加了客户开发数及销售费用的管控考核，而经过我们咨询服务，管理水平提高后又增加了铺货率、终端展示、终端巡访执行等考核指标。

新品上市要追踪的过程指标和市场表现包括：新品的各渠道铺货率变化、新品各渠道生动化表现、新品的价格是否稳定而且有优势，竞品在铺货、价格、生动化、促销、广告等方面有什么动作以及消费者对新品的接受程度。

（1）铺货：铺货要关注到时间、不同的渠道，以及重点渠道的重点终端抢占情况（加权铺货率）。时间可分为10天、20天、30天、1个月、2个月、3个月、半年跟进，渠道可分为如卖场、标超、BC类店、特通、批发市场等，跟进区域的数值铺货率达成。另外对一些重点区域、渠道或客户，为考量重点终端的抢占情况，可以引入加权铺货率指标。即店有好坏之分，数值铺货率表现的只是你抢占店的数量，而体现不出店的质量。加权铺货率是指，如一个区域100个店一个月若有100箱的销量，你抢的店铺能卖出去多少箱？你只有20个店，说明你的数值铺货率只有20%，但这20个店能卖65箱货，那你的加权铺货率就是65%，说明你抢的有质量的店更多一些。

（2）生动化：尤其对快速消费品而言，产品能否占据更大的货架直接决定着产品销量。所以要锁定竞争对手，在终端形象上超越它们，才有可能在销量上超越。零店的生动化要求相对简单，主要考核POP和产品陈列位置，产品陈列排面一般会随铺货率增长而上升。商超、批发生动化要求相对较高，具体追踪方向包括排面数、特殊陈列、堆头面积、POP及条幅等助展物的数量。

（3）价格：价格与利润密切相关，是推动产品销售的动力。不仅关系到厂家，更关系到通路和消费者。新品的通路价格是否合理，执行是否到位，直接关系到厂家是否有足够的利润和操作空间，关系到经销商、批发户和零售店卖本品是否能够比竞品更挣钱，关系到消费者是否买得起、愿意买，进而影响到铺货、促销等其他上市工作的顺利开展。同时，竞品的价格调整是新品上市必须及时应对的竞争要素，因而及时掌握市场价格成为新品上市成功的关键。

（4）消费者：新品上市后，追踪消费者十分必要。掌握品牌知名度、品牌转换度、产品试用率、回购率、使用习惯、购买习惯及特征等指标数据，有助于对本品上市的最终结果——是否被消费者接受作出量化评估，还可分析出目标消费群定位是否存在偏差，从而针对变化调整策略。只不过针对消费者的更复杂一些，专业要求也更多，许多中小企业没有能力实现。聘请专业调研机构，借用外脑是不错的选择。

（5）竞争者：新品上市隐藏的危机是竞争者的反应。追踪竞品的主要指标有：销量、铺货、价格和利润、竞品广告和促销活动等。应当能够迅速发现竞品的反击，进而快速制定推广策略及行动方案。

要有分享与投入意识

这个观点是针对经销商老板提的。绝大多数经销商，特别是运作快消品的，都不算大，百十万元到几百万元的营业额，夫妻搭档再请几个人经营。经销商要赚钱是天经地义的，但眼光要看得远一点。新品是未来的销量，就像一棵小苗是需要培育之后才可能成材的。

经销商如果不懂得分享，就会造成一些问题。因为不懂得分享，给下游网络如批发商户“留缝”太少，给终端店毛利太低，就没人愿意推你的产品，他们的眼光比经销商还要浅；因为不懂得分享，给业务人员、导购的提成不够，也没人愿意积极铺货、卖货。所以一个有眼光的经销商推新品，在意的不应该是眼前一箱货几块钱的差价，而是要打造出一个“挣钱的机器”。

另外，经销商如果不舍得投入，也会带来许多问题，如车辆不够，影响铺货、补货的效果。华中农村市场做快速消费品的，一般两个镇就得有一辆车才能保证物流及时，你够了吗？因为不舍得投入，一些终端设备，如卖火腿肠的烤肠机、卖饮料的冰柜等投入不够，好的网点拓展困难，当然还有买堆头、做促销、陈列道具、锁店费、生动化物料购买等。因为不舍得投入，这些市场活动都会打折扣，而严重影响着新品推广的成效。

所以分享与投入，其实不仅是推新品的需求，更是一种境界。

第三节　新品上市规划的纵横逻辑

所谓规划，很像“沙盘演练”，要求对未来的事物进展要作出最细致的安排布置。一定还有许多意外的因素，能使事物的发展超出我们的想象，但规划做得越细越全，你思考得越多，胜算就会越大。

新品上市规划，从纵横两个维度，我们分别介绍一种工具，使我们的思考更有逻辑性。

纵向规划新品上市

从业务运作价值链模型，纵向规划新品上市。具体内容如图 2-2 所示。

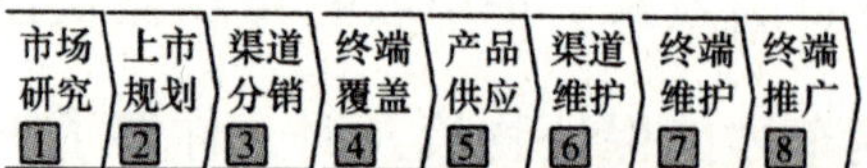

图 2-2　新品上市纵向规划价值链模式

（1）市场研究：研究区域特点，包括区域市场基础信息、竞争品牌信息、渠道资源信息、你在区域的竞争地位，进而发现市场机会，如产品结构机会、经销商开发机会、网点覆盖机会、终端展示机会、渠道创新机会、促销机会等。

（2）上市规划：包括目标策略、产品策略、价格策略、渠道策略、推广策略等，区域要“一盘棋”考虑。

（3）渠道分销：包括客户结构设置、经销商开发、批发市场开发等；利用原有客户搭载新品，也要考虑类似的问题。

（4）终端覆盖：如经营终端的选择，铺货的时间、频率、对象、政策、人员、推动和维护等。

（5）产品供应：公司产销衔接、物流配送等。不能刚上货就断货，否则新品推广定会惨败。

（6）渠道维护：渠道政策的设计、渠道管控手段等。

（7）终端维护：固定巡访安排、新品上市终端常见问题话术应对等。

（8）终端推广：终端上架率及媒体化、消费者拉动策略、费用规划、落地执行等。

横向规划新品上市

第二个维度，是从区域管理角度，可以横向规划新品上市。区域经理可以参照表 2-3 所示内容，便可以一目了然。工具，无非只是能让我们思考问题更加缜密，真正有效与否，还要看用工具的人。同样一个策略目标中的“销售量”，有人看到的只是一个数字，有人看到的却是总销量、分品类销量、重点品项年销量、销量增长率、销量占比及占比变化、销量达成率及问题剖析、销量与费用之比等多种背后的问题。新品上市横向规划，如表 2-3 所示。

表 2-3　新品上市横向规划

项　　目		内　　容
策略目标	销售量	
	销售额	
	市场目标	
运作模式	渠道模式	
	客户模式	
	推广模式	
区域规划	区域重点	
	区域策略	
产品规划	产品销售重点	
	产品销售组合	
渠道规划	渠道结构	
	渠道覆盖	
	渠道激励	
促销规划	促销策略	
	促销方式整合	
费用规划	费用项目分解	
	费用额度分配	
执行计划	任务进度分配	
	工作要求规范	

第三章

新品渠道战，制胜为王

我们先来思考一个小问题，以理解渠道管理的两大核心要素：

假如在A地有100箱货，现在要搬到B地去，在只凭人力的情况下如何才能搬得更快？

通过思考，我们可以总结出这样三招，即：

让更多的人来搬。

可以让搬货的人一次搬得更多。

可以让搬货的人每次搬得更快。

其实销售很像是搬货（渠道本身就有“物流”的职能）。我们要花很多心思让经销商进新品，经销商也要花很多心思把产品搬到批发市场或终端小店，小店老板也要花很多心思把货搬到消费者的家里消费。

那么，类比搬货的三招，我们怎样才能做好销售呢（如表3-1所示）？

表3-1　三招的比较

货如何搬得更快？	如何做好渠道销售？
让更多的人来搬	需要更多的店帮我们来卖货
让搬货的人一次搬得更多	让卖我们货的店一次卖得更多
让搬货的人每次搬得更快	让卖我们货的店卖得更快

需要更多的店帮我们来卖货，实际上讲的是渠道管理的第一个核心，即铺货率；让卖我们货的店卖得更多、卖得更快，实际上讲的是渠道管理的第二个核心，即单店业绩提升。

第一节 “买得到”才是硬道理

大家应该都知道可口可乐的九字营销真经，即“买得到、乐意买、买得起”。“买得到”讲的就是分销的问题。现在可替代的产品太多，购物也会考虑多重成本。消费者很少会追着你的产品去买。因此，特别是对快消品而言，广泛的终端覆盖是新品成功的必然要求。除非你的产品能买得到，否则一切都是假的。

之前，我们分析过宝洁润妍和娃哈哈非常可乐的案例。润妍失败的一个重要原因就是没有调动经销商推新品的积极性，致使产品没有快速地铺向市场，有广告见不到产品的现象在宝洁也出现了，润妍与消费者接触的环节被无声地掐断了。娃哈哈的成功恰恰在于它的网络能力，它追求的也是这“最后一公里”的利润，到处都买得到，你卖什么消费者就买什么，就是这个逻辑了。

倒着看渠道

这里我们来分析一下渠道。常规看渠道的顺序总是从上而下，即厂家到经销商到批发商，然后再到终端店。

但实际上我们在运作渠道时，却是反过来看的，即我们先对本公司准备销售的区域内渠道终端做调查，然后再看是谁在给这些终端送货。找到了一个经销商，厂家直接与这个经销商建立合作关系，于是渠道就建立起来了。公司仓库的产品可以通过渠道流到经销商那里，进而流到我们的目标终端店里。所以，我们在建设渠道时，是倒着做的。比如，我们发现地铁、机场、火车站、商超门口等有许多自动售货机（见图3-1），这里也可以卖我们这种产品（如饮料、饼干等），那么是谁在往这里送货呢？好，找到了一家商贸公司，然后就去和这家商贸公司谈，看它能否代理我们的产品，把我们的产品也放在自动售货机里卖呢？合作成功，这条渠道就建立起来了。

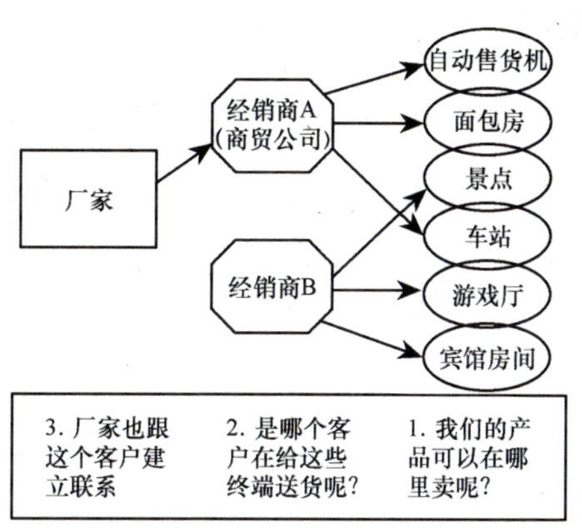

图3-1　倒着建渠道示意图

还有哪些终端可以卖你的新品

做渠道，我们要不断思考的一个问题就是“我们的产品可以在哪里卖呢？”看似非常基础却是渠道建设的真谛。据说可口可乐的营销总监来到中国巡查市场后说：在中国，可口可乐还是有市场机会的，因为中国那些卖茶叶蛋的老太太旁边还可以摆上可口可乐的产品。他看中的只是可以摆产品的一个位置（还不是货架），可见铺货率对于销售的重要意义。细心的消费者应该已经发现，现在在早餐摊上，除了豆浆、油条、包子等要现做现卖的产品外，也有定量装的一些产品了，有蒙牛的早餐奶、娃哈哈的营养快线，同时也有了可口可乐的可乐产品。

比如火腿肠可以在哪里卖呢？除了常规的商超、社区店、批零市场、车站码头、学校、网吧，还有许多地方，比如宾馆、景点、火车或轮船上、面包房、高速公路服务区、监狱、军队、厂矿工地、食堂、饭店、自动售货机、网店、健身房或游泳馆甚至宠物店、火葬场。火葬场卖给谁？这里不是说一定要卖到这里，但可以帮你拓展一下思路。汕头一个客户告诉我，逢清明、七月半这样的节日，火葬场边的小店会有“祭品”“大礼包”，其中就有火腿肠。好了，找到这些可以卖我们产品的终端后，再倒着做起渠道，对新品的广泛覆盖就有了思路了。

当然，新品的终端覆盖也有策略性，如循序渐进、重点突破等，以上谈的这个问题只是帮我们拓展思路。

第二节　渠道促销推动库存转移

在市场竞争日益惨烈的今天，促销已经成了打击竞品或抢占市场份额的常规手段。尤其是新品上市，几乎所有的工作环节都涉及促销。

从渠道“物流”这个职能来看，销售也像是库存转移。渠道促销就是推动产品的库存转移，只有找到更多的人帮我们“搬货”，搬货的人一次性搬得更多更快，才可以顺畅“分销”。新品上市，经销商进货、铺货是销售工作的起点。如何能够使经销商心甘情愿地进货，渠道促销是一个有力的武器，针对经销商常用的手法有新品订货会、价格折扣促销、销售竞赛；针对批发商有进货搭赠、批发市场陈列奖励。

新品订货会

新品订货会，即组织经销商开会，会上介绍及演示新品，许以优惠的现场订货政策，鼓励经销商积极订货。因组织订货会费用较高，大家聚一次也不容易，所以一般是针对战略性新品，或结合年中（终）会议、联谊会、培训会等一起开展的。这对新品迅速铺进经销商网络，营造全面上市氛围很有好处，也容易获得大量订单，迅速回笼资金。

会议的组织对新品订货会的效果影响很大，一定要精心准备，确保万无一失。一般流程如下：

（1）确定参会的人数，特别是客户，以备后续订房、订餐等工作。

（2）确定会议议程，包括签到时间（客户一定要准备到会）、大会开始领导致词、产品介绍演示、观看广告片、参观新品展示/品鉴、订货、晚宴招待、订货结果宣布、订货状元评奖、文娱节目、会议结束时间、撤离酒店时间等。

（3）确定费用预算。包括会务费（住宿、宴会、会场租金、设备租金、娱乐项目费用等）、经销商路费、现场布置费用（展台布置、展板制作、大型喷绘、产品陈列架制作，彩旗、条幅、升空气球租金等）、媒体报道费用（邀请电视台、电台、报纸人员费用，录制制作费，播出费，刊登费，礼品等）、临时人员劳务费、讲师课酬以及其他费用。

（4）确定会议准备事项。

1）物品准备包括：印制会议手册和订货单、样品申请、产品演示投影仪、电脑、广告带、屏幕、大量的DM、海报、串旗、产品横幅、立牌、台牌、手提袋等。订货会现场布置应做到：酒店正面应有大幅横幅、悬升气球条幅、彩旗等渲染会议气氛；酒店正门口要有会议立幅、会议指示牌；酒店前台要有厂家人员接待来客；会场门口要有产品标准陈列展示、产品说明展板、公司简介展板；会场大厅要用海报、串旗、立牌、横幅全面布置。

2）工作事项准备包括：成立订货会工作小组、调集人员组成团队、与营业的活动协调说明会、通知经销商参会、联系酒店预订房间及会场、进行会场布置、制作产品演示投影并进行排练以及制作新品展台、展架、展板、彩旗、横幅等物品，联系气球服务公司，邀请相关媒体。

（5）会议召开。按当日会议议程进行（注意发生意外后的备选方案）。

（6）会议结束，安排欢送经销商，会议现场物品回收，撤离酒店。

（7）订货会后，业务人员要立即跟踪订单，确保每线订单不落空。

价格折扣促销

经销商进货达到一定级别后给予直接的价格折扣或搭赠。常见的如坎级奖励政策，即货进得越多单价越便宜。这种政策可以鼓励经销商大量进货，短期销量提升较快，这对我们新品上市初期建立必要的渠道库存是很有帮助的。但缺点是这种政策给大户冲货砸价带来有利条件，对价格体系的管控要求较高。坎级折扣适用于打消经销商的观望态度，促其早下决心，增大订单量；或与竞争对手抢资源，甚至与经销商经营的其他品类抢资源。比如在每年春节前夕就是酒水销售的旺季，而此时要上市休闲食品如糖果新品，也可能会遇到与酒水争资金的问题。当然，价格折扣也可以不以价格或产品搭赠形式体现，改为礼品搭赠、销售工具支持等，这种方法可以减少对价格体系的冲击。

此活动最担心的就是对价格的冲击。要注意执行的时间控制，分阶段进行，并辅以控价手段。

（1）每一波价格折扣促销的时间要尽量短，比如说10天之内。

（2）第一阶段坎级要定低，可以保证小户都能参与，调动小户积极性，有助于产品铺货率提升。

（3）在第一阶段成功执行，小户普遍进货而且有良好回款基础上，第二阶段增大坎级。此阶段可调动大户、中户积极性。第二次活动前，要注意第一次货的动销情况，以及考虑是否需要进行库存补差。

（4）要加大对大户出货价的监控，推出规定价格，对新品外包装进行地区标记。能收经销商的经营保证金更好。各地销售经理和业务人员要加强市场监管。

（5）坎级进货奖励鼓励大量囤货，是为了鼓励经销商向下游分销。在促销期要结合每个客户以往的销售历史，对其新品接货量进行分析，如发现该客户订货量畸形增大，马上要追踪观察是否有抛货砸价行为。

（6）要求业务代表此阶段严格巡查经销商库房和出货流向，制止爆仓或倒货现象。

销售竞赛

销售竞赛，即“没事找事”，设计一些 PK 项目，鼓励他们积极销售本企业产品。有家饮料企业在经销商大会上组织目标客户参与销售竞赛。每家客户按要求先交纳一定的“赌资”放入公共奖池，企业再对总奖池增加一倍，然后设立竞赛规则，最后获胜方拿走奖池中的奖金。这就不仅是厂家在投入资金了，而是通过组织让客户深度参与，这也算是管理带来的力量吧！

销售竞赛的活动时间可以拉长一点，以避免投机取巧。奖品通常价值要高一点，比如汽车、国外旅游计划等。特别强调的是，竞争要让参与的面广一些，不然只是成了几个大客户的俱乐部了，而且考评指标不能只看结果，还要引出必要的过程指标；因为时间长，一定要注意过程的考核和跟踪，评比要有根据。

第三节 做好终端铺货

终端是深度分销的主战场。新品只有铺到终端才有机会与消费者见面。持续保有广泛的、有震撼力的终端覆盖是快消品销售的第一要务。

零售商促销手法应用

1. 零店铺货奖励

零店铺货奖励是指为鼓励零售商进货而给予的额外赠品或好处。由于产品零售利润较低，为了提高零店试销的意愿，在新品铺货时直接给予奖励；对我们快速提升铺货率，以及与竞品抢占终端资金和库存都有好处。此活动要注意以下几点：

（1）防止赠品资源流失。如业务人员和经销商联手谎报铺货假订单，虚报、截流赠品；重复奖励，对早已二次、三次进货的零店，再次使用奖励政策，浪费奖励资源；或者业务人员有意用此奖励政策给批发大量出货，冲销量，然后把订单分割到几十、几百家“假零店”的头上。

（2）有批户或大零店借机屯货；这事有利有弊，权衡好，可控即可。

2. 随箱赠刮刮卡

在产品包装箱内放置刮刮卡，零售店在销货的同时取得刮刮卡，以刮卡中奖的方式来促进零售店销货的促销方法。其目的在于设计不同奖品，特别是通过大奖来吸引零售店进货销售，实现增加新品零店推力。此活动容易出现的问题有：经销商拆箱取走刮刮卡；奖品流失；经销商兑奖点兑换不及时；持卡零店未及时兑换。所以要注意：

（1）活动告知一定要充分。让零店知道此项活动，经销商就不好做手脚了。

（2）大奖兑奖一定要有身份证、电话等详细情况，杜绝私自拿取奖品。

（3）保证批发点中小奖品的供应，可以给经销商一点手续费以鼓励。

（4）印制海报要标清活动起止时间，时刻提醒小店老板尽快兑换。

3. 包装物回收

比如回收箱皮，是一个对零售店十分有效的促销方法。通过1～2元的现金价格回收零售店手中新品的箱皮，达到促进零售店积极销售新品的效果。回收箱皮活动中易出现的问题有：重复计算箱皮；不能及时兑付；箱皮过大，不宜清点、保存、兑付。要注意的一些细节有：

（1）规定剪取箱皮中的唯一标识部分，便于清点、兑付、回收的操作。

（2）严格现金管理，活动执行者领取现金后，要上缴相应的箱皮数量，并做详细登记。

（3）公司专人对回收的箱皮清点，复核其中是否夹着不在此活动范围内的“冒牌货”。

（4）要记录各个兑换点批发户的详细情况。

（5）业代及时了解兑换活动执行情况，督促兑换点批发户及时兑付现金。

（6）回收的“标识”要及时销毁，防止再次流入市场重复计算。

4. 零店陈列奖励

选择繁华街道集中区的零店，要求店主按照公司规定的标准陈列，且对陈列零店业代每周进行检查，如合格则当场奖励一份小礼品，一般活动持续时间在一个月左右。

零店陈列奖励是为了大面积提高铺货率，保持铺货率在活动期内不下降，同时提高陈列效果，创造新品的流行趋势。所以选择点数较多，要求也较低。

下面我与大家分享一个案例。说的是某啤酒企业在杭州做的零店（便民店）陈列奖励的方案。《A 啤酒便民店终端陈列奖励方案》，揭示这种促销方法的应用。

（1）目的：鼓励终端售点对“A”啤酒的陈列展示。

（2）时间与范围：3 月 15 日—4 月 15 日；各经销商所辖区域及周边空白区域适合做陈列的便民店。

（3）陈列要求：六箱店面堆箱（具体摆放方法另定）及两张 POP 及两条吊旗（或一条横幅），保持产品、POP、吊旗的良好展示形象一个月；集中区域陈列。

（4）奖励标准：符合陈列要求的终端，可获月度赠酒 1 箱加 1.25 升可乐一瓶。

（5）费用预算：预计 1500 家便民店终端参与此活动，月度赠酒 1 箱加 1.25 升可乐一瓶。三月份便民终端陈列总计费用为：1500 家终端 ×1 箱 ×25 元/箱 +1500 家终端 ×4 元 =43500 元。

（6）执行与控制：

1）市场部印制《终端陈列检查表》并发放给业务人员。

2）业务人员在市场巡访过程中，对照陈列要求不定期检查。

3）1 月内若发现 2 次不合格，取消终端陈列奖（每个终端每月检查频率为 4 ~8 次）。

4）4 月 16 日根据最终检查结果确定奖励对象，由被奖励终端所属经销商在补货时兑现奖励。

5）该陈列奖由被奖励终端签字，业务员审核后公司对经销商送货时补发。

（7）业务员具体检查登记表（表 3-2）。

表 3-2　业务员具体检查登记表

业务员：	终端名称：	填表日期/时间：
终端陈列检查点	状态	是否合格
堆箱数量		
堆箱方式		
是否在店面明显位置		

（续）

堆箱形象是否良好（无破损、整洁、产品新鲜等）		
POP/吊旗数量		
POP/吊旗形象（无破损、翘角、被覆盖、脏物等）		
店主签名确认：	日期：	

终端铺货的九大注意事项

铺货是经销商和业务人员的强项，在此我只提几点注意事项，希望能让您的铺货更加高效。

1. 要充分重视市场遗留问题的处理

市场上已经有我们的产品在卖了，如果平时售点的维护跟不上，如业务员对终端的巡访、小批量的送货、客诉处理等没有做到位，都会成为我们新品铺货的障碍。企业一定要对这些问题有充分的心理准备和预测，若不能及时解决这些终端小老板的眼前问题，会造成不好的市场影响，也很难再铺货进去。所以企业要有这个魄力，准备好可能遗留问题的处理方案，铺货过程遇到遗留问题要真诚道歉、立刻爽快地给予处理，消除这些不利影响，扫除铺货的路障。

如果是产品质量有问题、价格混乱、动销很差等问题影响终端进货，那就不是简单的铺货问题了。

2. 要制定清晰的终端覆盖策略规划

业务人员要思考产品可以在哪些终端售卖，这些终端就是我们一个个要攻占的山头，铺货之前要做好终端的覆盖规划。比如在城市市场做中低档啤酒，其终端大致可以分为两类，一类是即饮场所如中小型饭店、大排档、快餐店以及诸如火锅店、小吃店、茶室、面馆、小饭店、烧烤店、饺子馆、夜市排档、企业食堂等；另一类是非即饮场所，即消费者只是通过这个售点买酒，却在另外的地点饮用，这样的终端主要包括社区内的独体便利店、食杂店、杂货店以及送水站、水果店、米店、粮油店、香烟店、酒行等。企业在淡季时可以组织完善市场终端基础资料的工作，如组织业务人员开展网点普查工作，了解区域内网点的数量、分布、业态、销量、销售品牌、本企业产品的市场情况等，这些是企业铺货工作的战场，一定要先搞清楚。

在新品铺货前，区域经理要制定清晰的终端覆盖策略规划，如确定终端分级的标准并对终端分级，确定不同终端的铺货政策、铺货率达成目标等，并且要细化到可执行的终端覆盖的推动计划，使集中铺货大战能系统地有步骤地开展。比如针对某茶饮新品，原则上商超新品要尽快全面进店，积极进行展示引导；学校是培育新品的温床，学生群体对新品接受程度高，要重点进行铺面；销售较好的 CD 店首轮要积极铺面，对于销售较差的 CD 店及食杂小店首轮尽量少铺货或者不铺货。要根据各类渠道的消费能力和特点制定出不同的铺货率，铺货时数量不宜过多，防止新品积压和铺货点过密，首轮批发不要强行切入，可以给 CD 店铺一两件进行尝试性销售；

铺面时一定要进行店店品尝试吃活动，提高终端对新品的认知，铺货时间要连续不间断，尽量在7～10天内完成首轮铺面工作，等等。

3. 要重视调动业务团队的积极性

铺货是业务工作中比较辛苦的工作，而且时效性要求较高，所以一定要调动业务团队的积极性。可以阶段性引入一些正面激励，如铺货竞赛活动，以团队前20%人员为奖励对象，在新开店数、铺货销量等关键指标上引导等。通过多种管理手段激起团队赶超的氛围。一定要把集中铺货首先在业务团队内部炒得如火如荼、硝烟四起，才有可能在市场上造成影响。如果业务团队内部都不温不火，那集中铺货也不可能“火”，不能“一鼓作气”，真的只能“再而衰，三而竭”了。

4. 应以“铺货率提升”为指导目标而不是“销量”

销量是业务人员的生存的根本，这个谁都能理解。但若在集中铺货阶段也以销量为指导目标那就坏了。要知道铺货的直接目标是铺货率的提升，我们要的是能进入更多的店，要抢的是终端的货架、库存容量和店老板有限的进货资金。如果仍以销量为指导，可能就会提高店老板进货的门槛，如若遵循铺货中“少铺勤铺”原则，设计出来的铺货政策是“三箱送一箱”为一组，而若以销量为指导思想就可能设计出“十五箱送五箱”为一组，这就会提高铺货的难度。而且以销量来考核铺货人员，还可能促使铺货人员把对终端的较大的促销政策用到批发客户身上，以“大单化小单”来换取销量，那就适得其反了。

5. 铺货率的提升一定要快

市场快速突破是代价最低的营销方式。就如同在十分钟内用猛火烧开水，比花一天时间用温火烧开水更节省能源。新品集中铺货，要做出市场的“势”来，这是快速启动市场最有效的方式。要通过“快速”给业务团队、经销商客户、终端市场以信心，打好这一年的销售基础。当然，能否快速铺货的确是考验企业整体营销运作能力的课题。这里建议快消品企业可以在新品集中铺货阶段组建“直营车销组”，以集中优势力量实现铺货的快速突破。

6. 销售费用对铺货阶段要有适当倾斜

铺货阶段的费用不能只以销量为依据按比例提取，新品的铺货对市场运作具有战略意义，费用上一定要有所倾斜。这里的费用包括铺货本身的促销费用。如在杭州，某啤酒企业某年初集中铺货针对便民店渠道达到了“进 5 箱啤酒送 4 瓶 1.25 升塑瓶可乐”的力度，餐饮店到了“进 5 箱送 1 箱，新开客户再加赠 1 箱啤酒品尝（瓶箱不送）”的力度，而且可能还会不同程度地辅以其他费用的投入，如宣传物料的投入、终端陈列奖活动、瓶盖设奖活动、小区推广活动等。力度着实不小了，实际上这阶段企业是在贴钱经营的，但正因为如此也奠定了企业这一年在市场上良好表现的基础。而另一家企业因为前期费用率低、铺货进展慢，到当年5月份意识到了，可想追加费用投入也没有机会了，因为这一年的啤酒市场格局已经定了下来。

对于铺货阶段的费用投入这里提醒两点：一是所用的“力度”是以竞争导向为主，在达到快速铺货率提升的目标下，成本仍是要重点考虑的因素；二是所设计的铺货力度要“能放能收”，否则无异于给企业自身设计了陷阱。

7. 要重视铺货过程的售点维护工作

铺货过程在实现铺货率提升的同时，必须重视售点的维护，如及时上架、做好陈列、助销、回访等工作，铺进去的终端只有产生销售成为真正“售点”，才叫“活的网点”。所以那些把啤酒铺进小店再随手把纸箱打开拎出几瓶放到货架上，或者卖火腿肠的把货铺进终端，随手带把小刀划开一根让老板品尝的业务员，比销量更多却只知道卖货的业务员更有营销意识。

8. 要有相应的动销措施跟进

把新品铺进终端后，要有一定的动销措施跟进，如在小区搞些活动、瓶盖中设奖等消费者拉动活动，或者组织终端陈列奖励等地面推广活动都是必要的。只有让产品动销起来才是良性的铺货。比如终端陈列奖励，在旺季来临前上新品铺货，给便民店大举铺货的同时，可在社区范围内集中开展，营造品牌氛围。此活动比较容易执行，费用也不算高，但“拉动”效果不错，甚至可以直接促进铺货，但需注意以下几点：

（1）最好选用新颖点的陈列道具，便于抢“眼球”。

（2）要注意产品易于陈列（否则如遇雨天，搬进搬出十分麻烦等）。

（3）业务人员在市场巡访过程中，对照陈列要求不定期检查，但陈列奖应尽量让终端得到，检查过程中要多引导。

（4）陈列期到了，该奖励的兑现要及时。

9. 要重视铺货点的存活率

新品铺货后，应关注“网点存活率”指标。有些企业铺货率总是上不去，就是因为二次铺货比较难、坏死点多。我们调研发现：初次进货时，只要产品的定位与之相符并且有足够的利润，就可以促进售点进行尝试性进货；而在二次进货中，服务就成为另一个关键要素，所以为促进二次进货，提高网点存活率，铺货后的售点维护、动销措施、地面造势等工作都要跟上。关于这一点，后面我们还会详述。

第四节　迅速炒热批发市场

对于新品而言，一般来讲不适合一开始就走批发市场，一是因为新品知名度低，产品流动性不够；二是因为批发市场价格管理比较难，担心一上市就做乱了。但是出于对批发市场的渗透性的期待，以及批发市场快速起量对业务团队的信心，这条渠道在目前的中国，还是很值得去研究和思考的。

深度分销了，批发市场还要做吗

当越来越多的快消品企业把目光投向耀眼璀璨的现代通路的时候，传统的批发流通市场像个被人冷落的丑小鸭，在快消品企业日益精耕细作与国际卖场大举进攻的市场浪潮冲洗下，显得飘摇而颓丧。批发渠道怎么了？批发市场还做不做？批发市场“做又做不好，不做又可惜”成为众多快消品企业的一块心病。

1. 用放大镜看批发市场

随着现代流通渠道的不断发展，我们不得不承认批发市场的影响力与辐射力正在逐步减弱，但其仍然有着无法取代的特点。

我国食品批发渠道依然是近85%食品厂家的主流销售渠道，其市场份额仍然占据整个食品市场的半壁江山。其广泛而多元、纵横交错、覆盖城乡的渠道结构编织成一张又一张复杂而细密的销售大网，上到上海、北京等一线城市，下至贵州、西藏等山村角落，批发市场以其无所不及的触角将商品源源不断地输送到消费者身边。

批发市场经过几年、几十年，甚至上百年风雨洗礼所形成的码头特色与商贸文化在相当长的时间还将继续影响着中国食品市场经济，而其多年形成的销售网络仍然具有无可比拟的优势。我们还看到，批发市场特有的大批发、大流通渠道优势让一批又一批草根企业赚得盆满钵满，其中也不乏后来由此发展成为行业具有影响力的企业。

2. 翻开批发市场的老病历本

（1）乱价、恶意窜货、流向混乱、忠诚度低等依然在批发市场的病历本上鲜明记载着，似乎还没有什么灵丹妙药可以治疗这些顽疾。

（2）乱价。你做A品牌的糖果批发，我也做A品牌的糖果批发，我进价出，因为你是我竞争对手，我要整你，这是其一；你做A品牌的巧克力代理，我做你的二批，可我下面的客户到你那里拿货，竟然比我还低，这是其二；我做A品牌的休闲食品二批，为了带动利润高的其他产品，我把A品牌低价售卖带动其他产品，这是其三……凡此种种，不胜枚举。玩得兴起，来个价格倒挂，闹得鸡犬不宁。

（3）恶意窜货。恶意即不怀好意，一般是为了损人利己，因此该行为带有很强的破坏性，有很多摊床靠此手段牟利，以鬼祟的方式偷袭别人的领地让他们觉得刺激又来钱，从而乐此不疲……

（4）流向混乱。湖北汉正街批发市场里的一个经销商一年做X

品牌威化饼做了500万元，按说这个量也很不错了，可老板不知道这500万元的饼干都卖到什么地方去了，虽然手底下有一大批的客户，但老板始终不确定自己的产品都在哪里卖掉了，也不知道下面的渠道里还有多少库存，时不时还有厂家人员抱过来几箱饼干，指着上面的批号说你怎么又把货卖到别人的地盘里去了？一个字：罚！

（5）忠诚度低。有奶便是娘，这是批发市场经销商的非典型性不忠症。今天张三给我5个点返利，后天李四给6个点，那我做李四的。看张三的情面，关系好的继续做但绝对不会太用心了。这时张三急了，给他7个点，他把李四又晾在一边……“重利润不重市场，看价格不看产品”让批发市场上演着一场又一场的逐利游戏。

3. 定向批发，让批发渠道焕发新活力

面对让人爱恨交织的批发市场，我们难道真的已经迷惘了？

在新的渠道形势下，我们需要突破，需要变革。为此，我们提出“定向批发”的批发渠道运作概念，让批发渠道重新焕发新的活力。传统的批发渠道运作模式往往只重视产品炒作与渠道激励，忽略了渠道规划与服务管控。

什么叫定向批发？定向批发的核心思想是“一方面充分利用并挖掘批发渠道的流通优势，另一方面加强批发渠道的规划与管理”，将传统通路与现代通路的管理模式有机结合，实现批发市场的有序批发，良性发展。换句通俗点的话说：定向批发就是要让货品迅速

流通，又能够让一切尽在掌握之中，在求量的同时还要求质，追求的是一种和谐的批发市场营销乐章。

定向批发的关键要点是以渠道规划为基础，通过实施渠道激励与产品炒作，最大化挤占渠道资源，在稳定上游经销商的同时发展关键县、郊以及特渠分销商，通过三方合作提供市场支持与服务，同时加强渠道督导，从而实现快消品企业在批发市场领域有所作为。

要真正理解并实施定向批发策略，我们还是要多费点口舌，对定向批发的几个关键要点做一下阐述：

（1）渠道规划是前提。在地图上划几个圈，然后告诉经销商说，你看这块地盘是你的啦！最多在合同里加入这块地域范围，然后制定一套管理办法，这是当前快消品企业寻找批发市场经销商划定区域常用手段。划定区域固然没错，可为什么经销商还是觉得没有安全感，缺乏区域保障呢？这要从渠道的规划与经销商布点谈起，是否在经过深入调研的基础上制定渠道分布规划是关键，大批发市场与中小批发市场设置经销商半径多长合适，边界地区的经销商布点该怎么考虑，地市经销商的物流能力与其所辖区域是否匹配，等等。

总之，区域划分要事先规划，科学布点，这样才能保障经销商的利益；犹如盖房子，没有规划的住宅随时都有被拆除的风险，经销商的区域保障同样如此。

另外，从产品品项、规格包装和价格带来讲，通过不同品项、不同规格、不同价格的产品实行渠道区隔与互补也是快消品企业渠道规划的重点，这对企业驻守在区域的业务人员是个考验，将合适的产品在合适的区域交给合适的经销商，需要业务人员背着价格表和样品走访客户之前充分思考。

（2）渠道激励，最大化地挤占渠道资源。几乎所有的快消品企业都不会忽略这个批发渠道制胜的杀手锏，在招式和玩法上也变着花样：价格折扣、搭赠、返利、销售奖励、积分、抽奖、压货、配额、库存补差、费用补贴等层出不穷，不管采用何种激励手段，其性质是渠道促销（TP），即加速产品从厂家到经销商到批发商再到零售商的库存周转，从而挤占渠道资源。

需要注意的是，不要陷入越激励越依赖、越促销越难卖的覆水难收的境地，为此快消品企业需要分析并了解不同渠道成员所关注的利益点：经销商往往注重生意总量、市场份额、网络覆盖和影响力，谋求厂家返利；批发商注重产品价差，注重短期生意利益，纯利益导向；而分销商则是处于经销商和批发商之间。所以快消品企业需要针对不同的渠道成员制定相匹配的激励政策。

另外，渠道促销的核心目的要搞清楚，在实际操作中，前面所提到的多种激励手段可能会适度组合运用，但其核心目的一定要清晰。是提高铺货率，还是扩大销量？是新品上市推广，还是消化库存，或是为了打击竞争产品？只有目的清晰、明确了，才能制定出有针对性的方案，产生集约效果。

（3）产品炒作，造势是关键。要想实现批发市场的迅速启动，主要抓两个指标：一是优质经销商的开发数量，二是经销商的首单要货数量，这两个量能上去，批发市场运作已成功一半。产品炒作与造势的主要目的也就在此。

从前端来讲，要重点抓的是招商推广。准备充分、气氛高昂的招商会是第一步，在打响招商第一炮的基础上，区域业务人员再跟进，开发优质经销商的成功率自然也就高了很多。

从市场启动来讲，重心是批发市场的造势，这个钱再集中起来花，形成冲击力，流动宣传队、人员推介、POP张贴、堆箱展示、灯箱横幅、宣传单页、赠品派送等多种形式要组合起来使用，营造出热烈的销售氛围。

（4）分销联合，一加一大于二。既要保证市场覆盖面，又要保证市场的良好秩序，这怎么办？分销联合很好地解决了这个问题，这也是定向批发的一个核心思想。分销联合的精粹是“整合与共赢”，经销商力不能及的，找到志同道合的朋友来做，制定联销调拨价，享受与经销商一样的供货价，但销售计入经销商的业绩，厂家业务人员参与监管并提供市场支持。

通过这种方式，分销商觉得自己享受了特殊待遇，也受到了厂家的重视与市场支持，当然愿意好好做，用心做，不会搞乱市场；经销商通过分销商解决了鞭长莫及的空白区域市场覆盖，虽然利是少了点，但省心省力了不少，而且厂家还有返利，何乐而不为。对快消品企业而言，当然有百利而无一弊，这种分销联合模式运作到相当成熟的阶段，分销商要货找经销商，打款到厂家，厂家再连同要货及返点折算成货物一并发给经销商，这样对企业而言，订单处理与现金周转效率会更高，当然这个境界目前还处于理想状态。

在分销联合实施过程中，需要注意的是防止分销商被竞品挖墙脚，一旦被挖，分销商的资源瞬间变成竞争对手的了。防范措施，一是加强对分销商的信息管理，一发现异常立刻采取措施；二是强化市场支持与服务，企业业务人员协同经销商经常走访分销商，协同解决各种市场难题。

（5）掌握信息，锁定进销存。要实现批发市场的有序批发，对批发渠道的信息掌握是必不可少的环节。通过信息掌握，快消品企业和经销商能够清楚地知道货物流向、走势，哪个品项在哪个阶段哪个地区卖得好、是什么原因、有哪些机会，等等。

掌握信息，关键是锁定进销存数据，这个对企业来讲很重要。经销商仓库里的货物有多少？上月各品项进货量是多少？各产品的走量如何？这些数据对快消品企业安排生产、调节库存、下达指标、审核订单等都具有十分重要的价值。

那么这些数据怎么得来？企业需要有一套业务流程与制度做保障，需要有专门的人来做这个事情；经销商也要养成记录数据、分析数据的习惯；厂家对经销商做这个事情要进行考核，督导并帮助经销商建立自己的销售台账，厂家业务人员同样要建立区域的销售台账。

除此之外，一些市场动态信息也应该予以重视，主要是采取竞品跟踪法，采集有用信息加以利用。

（6）渠道管控，内管加外控。价盘混乱、冲窜流货等批发渠道违规行为虽屡禁不止，要从根本上杜绝尚无可能，但也并非无药可救，通过内管加外控的手段将渠道违规行为降低到最低限度则是完全可行的。

内管，就是快消品企业内部有一套良好的批发渠道管理制度与渠道违规处罚流程，重视渠道规划，科学合理布点，采取稳妥严密的价格策略，同时将渠道秩序管理作为对业务人员的关键绩效指标进行考核。

外控，是指业务人员要加强渠道督察、稽核与巡视，尤其是对全国性的大型批发市场、地市级重点批发市场要严密关注，随时掌握渠道价盘状态与货物流向，对经销商、批发商、分销商做好渠道管理制度宣导，把预防工作做在前面。一旦发现渠道违规行为，要按照合同约定和渠道管理制度与处罚流程严格执行，毫不手软，杜绝违规事态扩大；为保证违规处理的及时性与果断性，可以采取二级审批制，即省内违规处罚由省区经理直接审批，跨省违规由总部审批，避免所有的处罚申请都走总部流程，使得处理效率大打折扣。

用积极的眼光看待批发市场的明天，在新的渠道形势下实施定向批发策略，不失为我国快消品企业的另一条出路。

迅速炒热批发市场

在深度分销的背景下，你一旦认识到了批发市场的重要性，就找到了渠道变革的方向。至于如何炒热批发市场，我们是很有经验的，因为当年很多企业就是从批发市场做起来的嘛。我们来介绍一些方法，具体内容如图 3-2 所示。

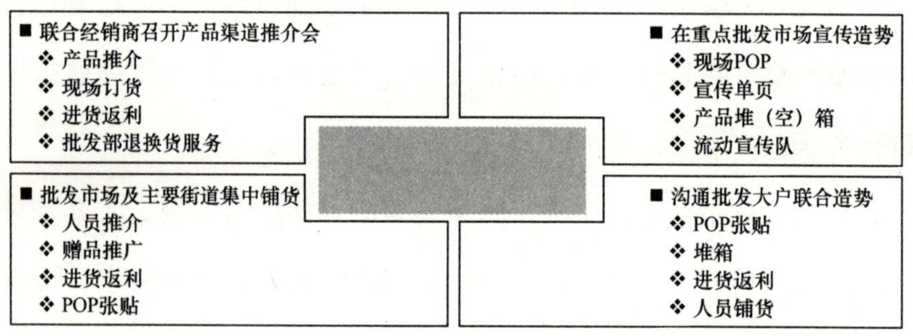

图 3-2　快速炒热批发市场的途径

（1）批发商进货搭赠。针对批发商的小批量进货奖励，奖励的赠品可以是同类的产品，也可能是不同类的但批发商可自己使用或就地销售的产品。批发市场的运作，还是以经销商为主导的，厂家进行协助。

以下五种情况下可考虑批发商的进货搭赠：

1）经销商的库存水平较高，资金压力大，已经影响到其他产品的经营。

2）批发商对新品的信心不足，向零售商的主动推荐不够。

3）批发商的新品库存水平太低，不足以形成“货卖堆箱”的阵势。

4）产品批零差价小，经营意愿不高。

5）新品批发价格偏高，影响零售店的进货意愿，或者导致市场零售价的上扬。

控制要点：

1）进货搭赠活动的成败与赠品的选择关系很大，要遵循“低价位、高形象”的方针。低价位是指赠品采购价格不能超出预算，高形象是指赠品要有价值感、赠品实用或可以变现。

2）赠品核算、给付一定要及时。

3）进货搭赠是典型的短期促销活动，切忌长期运用，要能放能收。

4）选择本品搭赠（如50搭1）时一定要格外小心，避免新品一上市就使用随货搭赠。否则，通路很容易将搭赠的产品折算成单价，从一开始就使价格不稳；而且，后期如果想拿掉赠品进行正常出货，会遇到很大的市场阻力。建议在第一波的陈列活动过后再进行随货搭赠。

5）严防批发商“超前购买”。很多情况下，新品一上市就“热销”往往是由于大力度促销活动所造成的“假象”。经销商会在有促销活动的时候囤货，而在没促销活动的时候停止进货，仅消化原有库存。

6）注意经销商截留给批发商的资源。

（2）批发商订货。一般是由公司组织、在经销商门店实施的，通过一定的激励政策投入，面对批发户的短期订货活动。一可利用订货会热销气氛刺激批发积极提货，加快新品销货；二可帮助经销商出货，减轻库存压力，增强经销商信心。帮助经销商开批发市场订货会，有许多情况与企业召开的经销商订货会相似，此处不再赘述。

（3）批发市场陈列奖励。选择门面有堆箱空间且位置较好的批发户参与，按公司要求堆放一定数量的产品或空箱，并保持1~2个月，经过公司专人不定期检查监督，公司将给予合格者一定奖励的促销方法。此方法与零店陈列奖励也相似，此处也不多说。

（4）流动宣传队。请6~7位身材好、年轻漂亮的小姑娘，穿着公司的服装，身披绶带组成流动宣传队。在批发市场里列队走动宣传造势。费用不高，效果不错。

第四章

搞好消费者拉动

消费者拉动其实是为了让货在终端能走得更多、更快，促进“动销”以提升单店业绩。

能“静销”的产品，即摆在那里就能卖的是很少的。不妨做个类比，就像女人，站在那里就能吸引很多男人回头的也是很少的。产品和女人一样，只有吸引消费者注意才会有更多售卖的机会。那么，“女人靠哪些手段能吸引男人的注意呢？”

第一，是她本身的条件，年轻漂亮、身材好、有气质等，就像是你的“产品”有没有卖点、产品组合怎样等；

第二，她得有个好位置。所以，产品的位置决定了很多，如陈列、生动化等，没有位置的陈列、生动化都是白搭。双汇的经销商1/4是同时做调味品的，于是很多客户把火腿肠和酱油、醋之类的摆在了一起，这就麻烦了。难道你希望买火腿肠的消费者和买酱油的一样，一个月才光顾一次？酱油保质期3年，火腿肠保质期4个月，你试试吧！

第三，有了位置还不够。在一个好的位置了，要吸引别人注意，女人还得包装，比如要站有站相、坐有坐相，这是“陈列”；要穿好的衣服，要做好的发型，这是“生动化”。

第四，如果包装了还没人看，咋办？就只有做“促销”了。比如给你抛个媚眼，穿个露脐装啥的，其实就是促销。当然，如果产品想卖出更高的价格，或“更快地周转”，也许就得“试吃”“买一送一”啦……

第五，如果促销了还没人注意，怎么办？这个问题也许销售部就没招了，我们可以请市场部出马，打广告、做品牌。

综上我们发现，产品的消费者拉动是个综合因素，与产品组合、位置、陈列、生动化、促销甚至广告都密切相关。

第一节　提升终端表现七要素

新品上市的终端表现，我们还是立足终端管理第二大管理核心，即“单店业绩提升”来介绍。本章以商超卖场门店为例，因为这条渠道对快消品销售有非凡的意义，店内各项管理要素非常清晰，也更有代表性。商超大店能做好，提升BC类小终端业绩方向也就更明确了。

很多人称商超门店是“3M级”的，即忙（碌）、盲（目）、茫（然）！不知重点在哪里。有这样一段经典的对话：

第一句：“兄弟，最近忙不忙呀？”答：“忙！”

第二句：“都在忙啥呢？”答：“瞎忙！”

再过段时间，问第三句：“兄弟，最近还好吧？”答：“哎！一言难尽呀……”

整天忙忙碌碌，却不得要领，不知在忙什么，结局似乎是早就设定好的，总是销量靠后、罚款不断、费用超标、断货频繁、终端形象差、促销没效果，入场后就被套牢还总被买手挑剔，甚至下架、清场也不是没有经历过。

做任何事都应有一个系统的思维，去把握一些关键的因素。商超门店终端表现与以下几大要素密切相关，如图 4-1 所示。不论是新入卖场门店做规划，还是老门店业绩不好做诊断，都可以从这七个要素角度去思考，这会让你“事半功倍”。

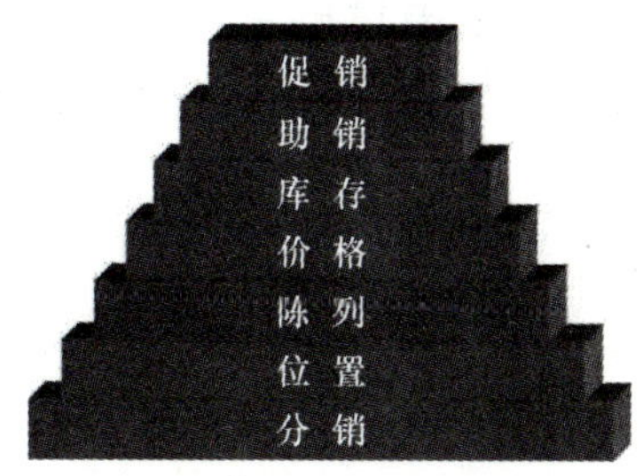

图 4-1　影响商超门店终端表现的七大要素

分销：产品结构设计并卖入

供应商门店品类管理就是要搞清楚不同的门店，这些门店可能会有区域、系统、业态、商圈、企业合作关系等不同，你准备选用你“仓库”里的哪些产品给它们销售，即门店的条码数及其结构问题。产品结构是门店经营的基础问题，而新品的引入会改变这种产品结构。“分”要解决两个问题，一个是分给谁，另一个是分什么。分什么，就是产品组合的设计问题。

产品是营销的基本层面。营销有做品牌的需要，于是需要有明星产品。所谓明星产品就是我们一提起一个企业就能想到的那款产品，比如康师傅的“红烧牛肉面”、雅客食品的“维生素糖果V9”、双汇集团的“王中王”、香飘飘的“奶茶”等，如果提起你的企业，却想不起来有什么特别的产品，那你的品牌建设一定有问题；我们有做利润的需要，没有利润营销机器转不起来，所以需要利润型产品；我们有做销量的需要，没有销量就没有销售氛围，而这点对快消品非常重要，没有销量也很难阻击竞争对手，所以要有大众的常规产品；我们也有应对竞争的需求，所以要有竞争型产品或炮灰产品。所以营销讲的产品，往往不是单一的，而是一个组合。

首先，要明白并不是所有的产品都适合商超渠道，选择适合商超产品要注意以下六点：

（1）选择有竞争力的品种进场。相对于竞品，你的产品在包装、价格、品牌等某一方面要具有优势，选择定位准确、具有独特产品概念的差异性品种是非常有效的。

（2）“量大”品种和“利大”品种要合理组合。以“量大”品种适应商超“保底销量”或“末位淘汰”的需要，以“利大”产品确保有足够的利润空间来运作超市。因为同一款产品又要销量又要利润实在有点勉为其难，幸好我们可以打“组合拳”。

（3）循序渐进，逐步增加进场品种，不要让所有品种同时都进场。进场品种越多，进场费用就会越大，比如隐性的“条码费”等固定成本的投入，会造成资源浪费，而且在商超渠道品种一旦被卖场淘汰，想再进去就更加困难，所以得小心行事，准备好了再战，务必一战而胜。中小企业可采取“单品突破”的策略，当年香飘飘奶茶运作商超就主打杯装冲泡奶茶的5个单品，后续再逐渐跟进其他品类，做得非常好。

（4）“产品+渠道”复合式管理，防止大卖场的低价冲击。我们看到，每当在一块区域里有一家大卖场开业以后，该卖场周围的许多小型零售终端的销售额就明显下降，原因就是大卖场零售价（会员价或特价）比小型零售终端的进货价还低，冲击了其他渠道的价格体系。因此管理精细的企业可以针对不同的系统供应不同的品种，或是靠包装型号区分开来。

（5）要依据消费群的购买特征选择进场产品。比如在城乡接合部的大卖场可能大包装的会销得好一些，有国外产品专柜的卖场价高的产品能卖得好一点等，这要考虑卖场的定位和商圈的特点。

（6）产品要符合超市进场的要求。有的产品包装达不到超市销售的要求；有的产品档次太低，不适合在超市销售；有的产品保质期太短，供货商物流配送时间较长，难以保证正常供货和产品的新鲜度。因此，厂家必须筛选进场品种，使进场的产品符合超市进场的要求。

其次，业务团队如何在日常维护中优化卖场的产品组合呢？对终端店内的分销状况要周期性地检查并作策略调整。

（1）周期检查要点。

1）检查该商店分销是否符合公司的《分销标准》。

2）关注公司要求的新品是否出现。新分销不仅是公司的策略重点，同时也是我们为零售商提供的机会。

3）促销产品相关的规格是否齐全。

4）经常分析现有产品组合中各单品的销售数据及趋势。

5）经常思考所负责商店的零售商及消费者需求。

6）经常思考有没有买入其他规格的机会。

（2）供应商优化产品组合的四种手段

1）维持现有产品组合：对现时品类款式不加不减。

2）增加条码：增加主品类、支品类的款式。

3）减少条码：减少主品类、支品类的款式。

4）交换条码：减少现有款式再引进新品。在与商超谈判入码时就要争取留有“换码”的权限，否则后期调码又会带来新的费用。

第二个问题是“分给谁”，实际上是门店选择的问题。

在由零售商掌握现代渠道的今天，谈供应商如何选择卖场显得有些孤掌难鸣，可是制造商在卖场经营过程中要么从一开始就签了一个犹如“卖身契”的年度合同，要么进场后一个月就被下架、清场或销售业绩不佳，获得的陈列、促销的条件总是很苛刻，在卖场采购那里，总摆脱不了“利润型”产品的阴影，更有甚者碰上超市倒闭、应收账款无法收回。

任何一个销售总监在决定进一个超市系统时都会捏一把汗的，因为它们消耗了公司的许多资源。而对于已经经营着的门店，制造商也应该分类管理，因为这关系着企业营销资源的投向及业绩达成。在销售活动中，从销量目标分解、市场费用分配到进场品项组合、配送服务跟踪、特殊陈列购买计划、导购员是否进店、促销活动安排、理货员巡访频次、督导力度等都是必须首先要考虑的一环。

如何给重点客户门店划分等级，选择适合我们经营的门店是很专业的工作，可以参考本人所著《赢在大卖场——商超渠道开发与管理》（广东经济出版社，2011 年 6 月出版）。对于新品进场而言，总体方向肯定是选择生意好的门店了。

实践中，判断门店生意的好坏对我们确定生意策略是非常必要的一项技能。记得某个周末，在上海某家乐福门店看到宝洁和某洗衣液品牌同时在做促销，这家门店周边交通不好，有点像“孤城”，人气不太旺，但是来到这个商圈了，消磨一天的时间还是有节目的，餐饮、娱乐齐全。宝洁促销的是飘柔洗发水，促销活动的配置是，第一件原价，第二件五折，买了邻主通道最好位置的半个堆头，以围幔及价格牌作活动告知，没有上导购人员。另一家洗衣液品牌的活动配置是，原价 98 元/桶，现价 58 元/桶，在主通道较差的位置买了两个堆头，上了两位导购。

这种情况下，你说哪家业务员的水平要高一些呢？对比之后，我觉得宝洁的业务人员水准就是要比这家洗衣液的高。因为在这样一个人气不旺的门店做促销，投入那么多是没什么“潜力”可挖的。这也可以说是这家洗衣液业务人员对门店生意判断不准而导致的促销资源浪费。

而这不一定全部要数据，实际上在还处在“经验科学”的营销，很多时候还是要凭借业务人员的经验的。判断一个门店生意的好坏，我们可以从以下方面去“考查”：

1）看车位：看卖场周围停车是否方便、有多少停车位、附近有没有公交站，以及卖场有多少辆班车。

2）看寄存柜：看卖场入口有多少寄存柜，其数量与此门店的高峰客流量密切相关，零售商这一块做得是很科学的。

3）看收银台：看收银台数并在适当的时候如周五下班时间，看其开放的个数，判断其生意好坏，商超一般两年左右会重新装修一次，他会根据生意的好坏调整收银台数量。

4）看卖场布局：从入口处大体看一下卖场的货架布局，看看分区是否合理、动线设计是否讲究，可以判断门店的经营水平，这是体现商超业务管理水平的重要内容。

5）看商品丰富程度及产品的档次：看商品特别是冷柜内商品的丰富程度，这与其生意好坏关联很大。比如，一个动销差的商场是不会把保质期很短的风柜内商品装得很满的；另外，商品的档次也是判断的一个标准，如有没有国外商品专柜，可以反映出这里消费人群的消费能力。

6）看堆头商品：堆头是用来吸引人气的，看卖场堆头上陈列的商品，如果变成了利润型商品如脑白金、红酒等，则反映其到了要靠堆头挣利润的地步了，经营状态不佳。

7）看名烟名酒：在出口处的烟酒专柜旁，看一看名牌烟酒的库存量，因为这些厂家是不会赊销的，由此可以判断卖家的经济实力。

8）分析商品动销速度：选定几个铺货率高、热销的产品看其生产日期，与其他卖场对比判断其动销速度。

9）看竞争品牌：看竞争品牌在该门店的条码数、促销活动安排等，判断竞争对手对该门店的重视程度。

10）访谈供应商业务员：与其他供应商的业务人员聊一聊，了解此卖场有没有欠供应商货款的记录、合作中有什么不愉快等。

位置：不要买“站票”

大家不知有没有买火车站票的经历。我们读书的时候到了放寒假，在火车上站着回老家是常有的事。在车上站久了对身边能坐着的人羡慕不已，想想其实真不公平，你的腿都快站断了，人家的屁股都坐瘫了，可就是不让你坐一下，想想开始买票时花的钱却是一样的哟！进商超也是一样：大家都要花钱，开户费、条码费什么的，可是为什么有的品牌就摆在了好位置，有更大的排面，而有的品牌的位置差，排面小，然后销量就差，然后就不被采购重视，再然后就是更差的位置、更小的排面……进入了恶性循环。所以，位置是我们谈判商超陈列第一须关注的因素。

我们都知道这些“朴素”的道理，同样地，商品陈列在终端内的不同位置，产生的销量大不相同。每一个终端门店在布局时，就已经根据消费者的购买习惯进行了“磁铁石”布置；宽度合理的通道、尽量拉长的行走路线、以收银台为终点是零售商在布局时的三项原则；同时，消费者在店内行走的路线方向也被零售商充分利用到终端内部的布局中，专业名词叫“动线”；不同的货架位置产生的销量大不相同，货架的前半段明显优于后半段；不同的货架高度产生的销量也极为不同，我们都在抢“视平线”和“取物线”之间的位置等。

宝洁公司有一项研究，说明了在货架的不同高度摆放同样的货品对销量的影响，如图 4-2 所示。

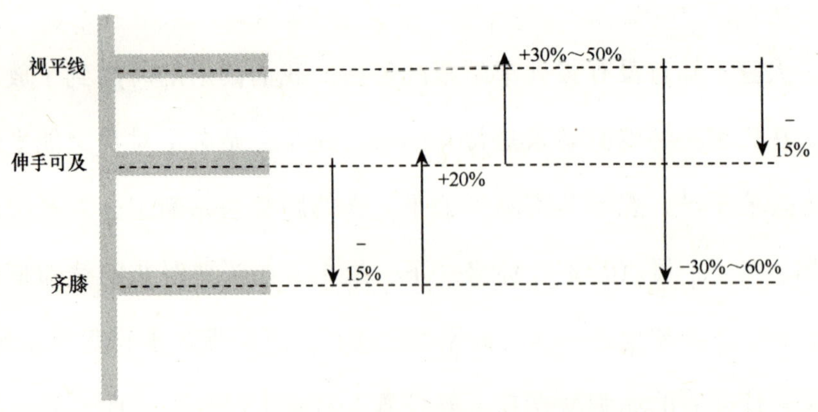

图 4-2　货品陈列高度对销量的影响

基于这种研究，宝洁公司要求它的业务团队做到：公司产品应陈列在视平线和腰部之间的位置，货架面积要超过同类产品货架总面积的30%。每家供应商都知道要争抢到好的位置。优秀的企业对公司各类产品的战略地位、产品特性、目标消费者、竞争对手的陈列等进行系统、持续的研究，都会制定与之相适应的陈列位置标准与陈列形式标准以指导业务团队操作。

对于商超运作团队来讲，经常要思考以下问题以优化公司新品的陈列位置。

1）摆放在哪里？哪里是消费者针对该产品的首选位置？

2）还能摆放在哪里？哪里能对消费者产生冲动购买或连带购买的刺激？

3）挨着谁摆放？哪里对转化和影响消费者产生作用？哪里对消费者容易产生连带购买？

每个供应商都在想这些问题，所以超市摆货品的或做宣传的地方总是在不断地开发着，储物柜上、电梯扶手上有了宣传画，两电梯之间、速冻食品冰柜上面都摆上了货品，包柱、包墙、活动货架被不断地开发利用了，总之，资源都在抢呀。

那么，如何能争取到好的陈列位置呢？培训课堂上，提到这个问题，学员给我很多答案，我总结出一个规律，那就是，都要花钱！好的陈列要花钱是必然的，但业务团队的眼光不能只盯着公司“资源”。争取好的陈列位置，提点先把钱放在一边的思路吧。

首先，要加强对商超的业务渗透。除了领导品牌外，其他品牌要想有好的陈列位置和大的陈列面积必须有良好的客情关系，陈列位置的分配与招商经理、卖场采购、柜长、卖场理货员都有很大关系。

其次，要树立积极争取的意识。一次不行，就两次，或者三次，加强客情，强力公关，不断地调整改进，积少成多，你的陈列面就会越来越大。如果你不在乎这些小事，其他的品牌就会来蚕食你的地盘，你的陈列就会慢慢萎缩，销售下滑。

最后，掌握时机调整、扩大。举几个小技巧：

1）设计拜访时间：了解竞品业代对该超市的拜访时间，调整自己的拜访时间到紧跟其后，尽快削弱对方陈列成果、抢占排面。

2）抢弱势品牌：对门店经理说——某某品牌销量一直下滑，还占了那么大的货架，把它的货架排面给我多少个，我保证可以增加多少销量。

3）待机而动：在装修、店庆、换季、节庆、新品进店、产品淘汰时做调整，还有竞品缺货时，都是抢排面的最佳时机；另外，每一次促销都是扩大排面的时机。

4）排面互换：在离本品陈列区较远的地方有“空闲”排面也要抢，因为你可以拿这些“战利品”与别的厂家交换有用的排面，或者送人情，如蒙牛的理货人员，先抢到冷风柜酸奶的排面，然后在货架上换常温奶的排面。

5）开发陈列冷区：如中转仓抢占，如货架顶层、底层中转仓可争取空箱陈列，同样有展示作用。

6）发展第二空间，发展本品货架区以外的陈列区，如方便面区好的堆头位置已经没有了，可去争取紧靠方便面的其他区域（如粮油区、熟食区）的堆头位置。

陈列：本身就是生产力

首先，我们看看陈列的黄金法则。卖场产品的陈列情况直接影响了产品销量及形象展示效果，我把供应商做商超陈列的法则，按初级、中级、高级分类。初级指导法则是跟重点客户系统很容易取得一致的，也是做陈列最基本的要求；中、高级指导法则可能会因为店方陈列管理制度、店方的货架和堆头布局规划、企业营销费用因素、竞品和本品在该店的销量基础与客情等诸多因素的制约，不可能完全按照陈列法则去执行，需要灵活掌握。卖场产品陈列法则，如图4-3所示。

1）保持整洁，整是整齐，洁是干净。对此至少有四个方面的要求。一是保证所陈列商品整齐、清洁、无破损；二是保证货架的清洁、无破损、无锈迹等；三是保证价格牌整齐、清洁、无破损；四是保证助销品（如货架贴、POP、跳跳卡等）整齐、清洁、无破损。

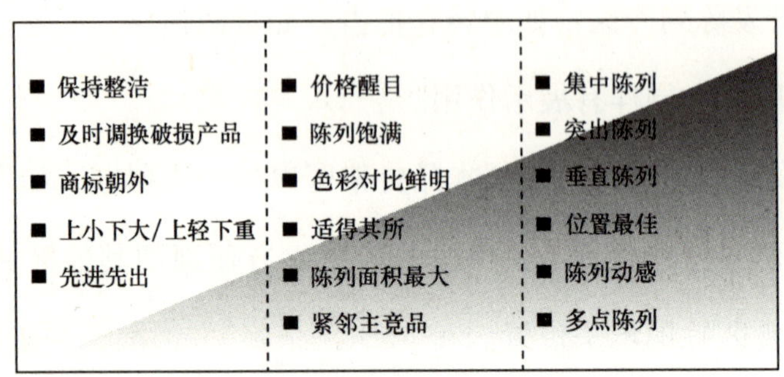

图 4-3　卖场产品陈列法则

2）及时调换破损产品。破损产品不会再产生销量，而且会影响企业及品牌形象，必须及时调换。有一个品牌很不错的听装椰汁，印象中常有瘪罐产品摆在货架，真是令人失望之极。

3）商标朝外。产品的标签必须统一正面朝向消费者，产品不平放、不侧放、不倒立，达到整齐划一、美观醒目的展示效果。

4）上小下大，上轻下重。即将重的、大的商品摆在下面，小的、轻的商品摆在上面。这样重心在下，是安全的需要，便于消费者拿取，也符合人们的审美习惯。但有时为了宣传形象会把大包装的产品如年货、礼盒等摆在货架顶部的不在此列。另外，如货架太高（如 2 米），最上层货架实际上只能起到宣传作用，则可使用外箱、手提袋抢占位置、展示形象。

5）先进先出。先进先出是仓库管理基本法则，在商超货架上也有这个概念，按出厂日期将先出厂的产品放在最外面，最近出厂的产品放在里面，避免出现即期品。货架期短的商品尤其要重视这一点。

6）价格醒目。价格牌标示准确、清楚、醒目。可与同类产品进行价格比较，增加产品陈列的宣传告示效果。在采用促销方式时，促销价格牌必须清楚地标示原价、现价以及降价原因。任何时候都不得犯以下6种错误：

1）找不到价格标识。

2）价格标识错误。

3）规格描述错误。

4）价格标识放置错位。

5）新旧价格牌重叠。

6）促销区价格牌与正常货架价格牌价格不一致。

7）陈列饱满。要让自己的商品摆满陈列架，增加商品展示的饱满度和可见度。俗话说“货卖堆山”，消费者一般认为货多一定是畅销品、新鲜的，而且满陈列可以防止陈列位置被竞品挤占。当货架库存不足以满陈列时，要把后面的产品向前移，实在货品不足，也要用空箱、手提袋等占满排面。

理货员要及时统计货架的进销存流量，及时订货，确保货架的安全库存，严禁断货现象。但陈列饱满并不是指在货架上陈列商品越多越好，实际上在保证货架陈列丰满且不断货的前提下，压货少一些并非坏事。

8）色彩对比鲜明。同一产品（包装颜色相同）集中在一起形成“色块”陈列效果，同一色系不同“色块”的尽量分开摆放，让顾客更容易分辨，达到突出显示的效果。

9）适得其所。最好销的产品放在货架最好的位置，最好的位置也是单位面积销量（坪效）最大的位置，如货架区内人流走向的前1/4至1/2处且处于视平线高度与取货线高度之间（1.2～1.45米之间）就应摆放畅销的产品。

10）陈列面积最大。商品陈列要尽可能占据更多的陈列空间，进场的单品（SKU）要保证至少20厘米的排面宽度。有多大的陈列面积就有多大的销量，抓住消费者的“眼球”是激起冲动性购买的第一步，只有比竞争品牌占据较多陈列空间，才有更多的销售机会。

11）紧邻主竞品。陈列区要和主要竞争品牌放在一起，明星产品要和主要竞争产品放在一起，突显产品特色。君不见有可口可乐的地方多半都会有百事可乐吗？记住“物以类聚、人以群分”的古训，你的产品经常和什么产品在一起，时间久了以后消费者就会认为这都是一类产品，同时你的主要竞争对手的消费群体也正好是你的目标消费群，你可以借竞品的号召力为你引来顾客，再通过促销人员和促销活动成功拦截对手的潜在顾客。

12）集中陈列。集中陈列包括品牌集中和品项集中。品牌集中是指在一种陈列形式下尽量将公司品牌的所有产品集中，并且将副品牌旗下的所有产品集中。品项集中是指要将不同副品牌旗下的产品分别按照不同产品规格（包装形式、包装重量）、不同口味集中。显而易见，产品集中更容易造气势，展示效果更突出。

13）突出陈列。一定要将重点品项放置在最突出的位置，保持最优的顺序，安排最大的排面，做到主次分明，体现产品的主次结构，让顾客一目了然。因为重点产品是可以代表公司良好市场形象的产品，也是销售最好的产品，必须更多地展示给消费者。

14）垂直陈列。垂直陈列可分为完全垂直陈列和部分垂直陈列。完全垂直陈列是指一种品项或一个品牌的产品从最上层垂直摆放到最底层的货架；部分垂直陈列是指一种品项或一个品牌的产品按块状垂直摆放，只占据连续的几层货架中的部分排面。在实际操作中尽可能按照部分垂直陈列方式安排主货架陈列，先保证品牌的垂直陈列，再兼顾包装色彩（口味）与包装规格。

15）位置最佳。陈列区的不同位置与销量直接相关，正常货架应该争取最好的陈列位，购买特殊陈列位时千万不能只看价钱，测算投入与产出的比值才是最科学的。并且在卖场的陈列区域要相对固定（固定占位法则），这样老顾客才容易找到。

16）陈列动感。陈列不能呆板，应有一定的生动化措施吸引消费者，当然这不仅仅是在促销时期。可以加上漂亮的货架贴、POP、跳跳卡、挂旗、吊盘等助销品，或者利用灯光、音响等营销生动化，又或者只是在满陈列的基础上（如堆头）有意拿掉货架最外层陈列的几个产品，这样既有利于消费者拿取，又可显示产品良好的销售状况，这些都能使陈列生动化。

17）多点陈列。多点陈列是指以不同的陈列形式在不同的陈列区域多样化地展示产品，这和集中陈列并不矛盾。如除正常货架外还有特殊陈列（挂条、包柱、端头、堆头等），除正常货架区外，在收银台区和电梯区也设陈列等。

除此之外，还有诸如“全品项统一性法则”等，都是我们做陈列的经验指导。陈列法则虽然多，但不是“限制”，实际运用中商超陈列并不是在一张白纸上作画，更多的要考虑超市具体情况的限制。商超陈列的难度，大多来自于超市的种种规定。每个商超都有自己的陈列风格及有关陈列规范，实际工作中要求每个厂家产品的陈列需要遵守该规范。商超的陈列规范限制着厂家的产品陈列效果。这些科学与实践经验的积累，更多的是一种“指导”，“运用之妙，存乎一心”，可根据具体情况灵活掌握，切勿教条化。

我们来看一下某卖场陈列规范，并解析供应商如何能适应其规则做好陈列。

现代终端重点客户系统门店经营者整天琢磨着：如何让有限的陈列面积带来更多的利润？人才市场上新出现的“陈列师”的职位，也多是适应这种需要而出现的。这些重点客户系统门店根据整体产品的经营状况都会有自己的陈列管理规定，供应商产品入码后，首先要遵循它们的陈列规范，所以学习一下它们的运营规范来得更实际。

以下为某卖场运营规范（节选，见表4-1），学习过上述陈列黄金法则后，再看零售商的陈列规范，对产品陈列的理解就会上一个层次了。

表4-1　某卖场陈列规范

某卖场陈列规范要求	释　义
本公司为一自助式批发仓库，故商品配置应配合商品标示说明（如货架卡、POP）及各种指示牌，使顾客易看、易拿、易买到所需要的商品	应该会支持我们的一些助销请求
使用高货架、堆高机、栈板等工具，配合大量陈列，建立公司批发仓库的形象	可用“栈板”垫做堆头；太高的货架顶部可陈列宣传品
靠近入口处配置的商品，必须是高回转率的商品，使顾客一进入卖场，便开始购买商品；畅销商品应配置于货架两端近走道处，以易于吸引顾客进入货架之间选购商品；属于冲动性购买的商品，配置在主动线走道上（包含结账区，但商品单价不宜太高）	若产品销售不好，陈列位置会受影响
关联性陈列为陈列时必须遵守的第一准则，所谓关联性陈列指以功能分类来陈列商品，不以厂商来区分	集中陈列原则在此恐难实行

通过上述某卖场陈列规范的学习，你能理解一方面我们要求品牌供应商要有自己的产品陈列规范，同时也要考虑零售商的陈列要求，在互相沟通和博弈的过程中实现最好的终端形象表现。

其次，供应商在卖场如何做好陈列，有以下几点需要特别提醒：

（1）**陈列的重心在于形象的统一，而非摆得好看。**每个企业给业务人员的陈列要求不尽相同，实际上陈列法则的意义并不在于法则本身，而且有些法则说到底是水平陈列好还是垂直陈列好的问题，这其实难有公论，但是企业的陈列需要有一个标准，让消费者在不同的售点能看到统一风格的陈列效果，如统一的品牌陈列顺序、主推产品等。如不论在大卖场还是标超，可口可乐公司的产品陈列都遵循从左到右依次是可口可乐、雪碧、芬达、醒目的顺序，可口可乐占据50%以上的排面。只有统一才能让消费者容易形成记忆点，这比摆得有多么好看更有意义。

（2）商超陈列并不是一件孤立的业务活动。商超陈列效果离不开店方的支持，能否得到店方的支持要看你是否投入更多的陈列费用；你的售后服务是否好、客情是否好；你的产品在超市是否销量大；你的产品给超市创造的利润是否高；你的促销活动是否提升了超市店面形象，是否给超市带来更多人流效应或能增强该超市的“低价格形象”。

由此可见，商超陈列不是一项孤立的工作。要想提高商超陈列效果，需要从该超市的产品组合设计、价格定位、促销、陈列费用、售后服务质量、业务拜访等各项环节下工夫，单纯靠销售人员拜访来提高商超陈列效果（尤其是陈列位的争取），就成了无源之水。

（3）做好付费陈列设计。企业在做付费陈列的时候，一定要注意费用的使用效率，新品入场为加大宣传，做些付费陈列也是常有的事。我们对费用使用效率和促销方案设计都给了足够的关注，陈列对商超渠道的重要性也不用多讲，但还是很少企业对付费陈列的设计真正花心思去规划。以下是付费陈列设计思考项，即在做付费陈列时要考虑的项目，见表4-2。

表 4-2　付费陈列设计思考项目

内　　容	举　　例
目　　的	品牌宣传、产品展示、拦截竞品、维护客情
陈列品类	销量最大的品类、新品类、有做广告的品类、有推广资源的主推品类
陈列品项	销量最大的品项、销量最小的品项、品类下所有品项、知名度最高的品项、包装颜色最鲜艳的品项
优势陈列位置	靠近进门口或结账处、主通道中央/尽头/拐角处、糖果区前部、主竞品相邻
陈列面积	门店本品类经营面积、公司进场 SKU 数、竞品 SKU 数及陈列面积
陈列方式	陈列形式：端架、端头、堆头、纸架、收银台、挂条、包柱 陈列组合：排位、排序、排面
陈列时间	时间长度、期间（节假日、促销期）
陈列费用规划	基于 SKU 流量分析陈列费用效率（陈列期间销量增长额与陈列费用之比）

（4）陈列无终止，唯靠执行力。争取到最好的陈列位置和空间仅是第一步，陈列效果的维护靠的是业务人员在日常工作中时时、日日、月月、年年的不懈努力。业务人员拜访更勤快，店头陈列工作更扎实，就更能保持自己固有的陈列位，并逐渐抢占、残食竞品的陈列位。商超陈列表现一定程度上就是业务人员敬业程度的表现，是一种执行力和耐力的比拼。

第三，针对卖场常见的陈列形式，我解释一下供应商如何做好陈列表现。

（1）货架。在零售终端的正常货架上，比较固定地陈列某一类产品的形式，是产品陈列的最基本的形式，即在交纳条码费用进场后，无论是否采用端架、端头、堆头等形式进行特殊陈列，都必须确保在正常货架上的陈列。品牌集中、品项集中、垂直陈列、明星产品陈列占比就是针对正常货架而言的。

（2）端架陈列。为了集中展示产品，提升销售业绩，特别付费租赁在正常货架上的靠近端头的大面积独家专用陈列位（一般宽1～2米），端架好的位置一般在货架区内人流走向的开始部分，最靠近主通道的一节货架。端架陈列与正常货架的陈列的不同之处主要是，端架一般只用来陈列一个系列的产品，并且要强化形象展示。另外，端架因为是已付费用比较固定的陈列空间，可以根据季节变化、促销等具体情况调换陈列品项。

（3）端头陈列。为了集中展示产品，提升销售业绩，特别付费租赁的在货架末端位置、面向通道的独立横向货架，大面积独家专用陈列位。好的位置在面向主通道的端头。端头作为付费陈列，一定要争取好的位置，测算投入产出比是最科学的方法了。根据DM促销档期而设置的端头，因为时间比较短，针对性比较强，往往是只针对一两个单品。若是长期付费的端头（半年以上）可考虑用某一品牌的系列陈列，并注意品牌宣传作用。

（4）堆头陈列。利用较好位置，采用地抬板、纸箱、纸架、散装柜、花车垒积而成的大面积集中展示。好的堆头位置一般在主通道中央位置、收银台或电梯区位置，第二选择在主通道尽头拐角处、靠近该类产品区域的前端、比较集中的促销活动区域。一般是在配合促销期做的特殊陈列形式，兼有备货的功用。需要注意的是：

1）一般只适合一两个品项的陈列。

2）堆头可以与自己产品陈列区分开，以争取与消费者更多接触的机会。

3）设置堆头的位置除了人流量大外，顾客的停留时间也不能太短，否则效果不好。

4）注意用产品外包装箱堆起来的堆头尺寸要符合卖场给你的面积要求。

5）整个堆头底部四周用围幔或 POP 包裹。

6）旁边竖立清晰显眼的价格牌，包括产品规格、原价、现价、促销期间。

7）注意不论什么原因都不要让其他品牌挤占你的堆头区。

（5）活动货架。供应商向零售商提供的活动货架，是一种半永久性的陈列设备，如铁架、纸架、挂条、包装盒、展示柜，其主要作用是使陈列销量大、周转快的品牌和包装有更多的陈列空间。当商店无足够的产品陈列空间时，使用活动货架可以争取到更多的陈列空间。比如纸架，可以定义为：供应商自行设计的、可以陈列轻型包装产品并且可移动的纸质陈列道具。纸架在超市的陈列位置，首选是主通道中央位置或电梯区位置，其次是主通道尽头或拐角处的位置，再不行就放在靠此产品的货架附近位置。对于纸架，要注意：商超工作人员能随意挪动纸架位置；不能在每种口味的排面上出现价格牌；纸架上的看板（用品形象宣传的）会被拿掉。

（6）包柱。商场建筑承重柱子一般不会用来承放正常货架，包柱就是利用这些商场相对闲置的空间资源，付出一些费用，选择合适陈列区的柱子，将其装饰成可以宣传品牌、展示产品的专用陈列道具。包柱的合适陈列位置一般在收银台、本产品销售区、入口处。使用包柱要注意：

1）包柱的双重目的：宣传品牌、展示产品。

2）包柱外观形式要有创意，突出宣传的效果。

3）只陈列最多两个副品牌，不要一个面一个副品牌系列。

4）确定包柱的恰当陈列品类（销量/新品/有推广资源）。

5）包柱制作要点：高度控制在1.5米；距离地面高度为40厘米；露在外面的面均可陈列。

6）包柱的分层：根据陈列产品的高度分割包装形成陈列层，一般控制在每层30厘米。

7）包柱的货架可以有多种形式（层板式、挂式、筐栏式）。

（7）包墙陈列：本品类销售区内，商场未利用的墙壁，可以花一些费用，选择合适的墙面部分，将其装饰成可以宣传品牌、展示产品的陈列道具。包墙兼有双重目的，即宣传品牌和展示产品。包墙外观形式要有创意，突出宣传的效果，产品陈列高度不超过2米，产品上方一般会配上大幅宣传画，一般只陈列最多两个品牌。

最后，我们来看一个案例：某糖果企业业务人员是如何说服商超客户按照其公司的陈列标准进行陈列的？

1. 案例背景信息

（1）某超市原来的陈列情况：某糖果公司主销明星产品 A 陈列在糖果品类陈列区第一排货架的（从上往下数，下同）第二层（该货架的最佳陈列层面），每个 SKU 为 3 个陈列面；另一常规品种 B 陈列在第三层，每个 SKU 为 2 个陈列面。

（2）现在的陈列情况：因 B 产品的库存偏多，该超市将原陈列 A 产品的黄金货架位置全部陈列了 B 产品，每个 SKU 为 3 个陈列面，而 A 产品仅陈列在下面的一层，而且每个 SKU 减少为 2 个陈列面。在巡访员的了解中，客户透露说，他们希望通过这种方式尽快地降低 B 产品的库存水平。

2. 理解问题

（1）客户真正关心的问题是什么？

根据以上的背景介绍我们可以发现：客户真正关心的问题是解决库存商品的积压，而且该问题还可以更进一步地转化为“希望在合理的库存水平上更好地经营该公司产品”。而他们的陈列摆放只是他们认为正确的解决该问题的一种方法。

（2）客户的方法是否有道理？

客户是希望通过提供给流转较慢、库存较大的品类以更好的位置去帮助他们平衡库存资金占压，从而实现健康的库存结构。然而，这是一种“只见树木，不见森林”的做法。该做法的问题存在于：

1）影响陈列单位效率产出：根据市场份额显示，A 产品的销售量要明显多于 B 产品的销售量。给予 B 产品过大的陈列位置会使该陈列作为一个整体的单位产出降低。

2）容易产生脱销断档：销量份额大的规格需要在货架上存有更多的库存，以满足消费者的购买需要；货架上的库存数量多少同货架陈列比例有着直接的关系。在以上的案例中超市的陈列比例不符合销量份额的比例要求，自然会导致 A 产品因货架库存不足而脱销断档。

3）影响补货效率：补货的最理想状态是各规格库存量同时减少，店员可以针对某一品类产品统一补货。在以上的案例中，A 产品提前缺货时，商店面临着两种选择：①只针对 A 产品提前补货：结果是增加了补货次数，浪费了店内人力；②等到其他规格也即将缺货时补货：结果是 A 产品已脱销断档多时，严重影响了销售。而 A 产品脱销所带来的销量损失又往往是较大的。

3. 解决方法

（1）建议客户采用本公司规定的陈列标准：公司建议的陈列标准是基于销售份额比例和吸引消费者冲动购买的研究基础上做出的设计，能够较好地平衡该产品在销售与陈列形象方面的表现，同时保证适当的货架库存比例，是一套优化的方案。商店因为要管理众多品类品牌，常常无暇顾及每个品类品牌的具体陈列设计工作。在双方的合作中，采用本公司建议的方案是零售客户提升品类管理水平的一条捷径。

（2）协助客户针对多出的B产品进行单独陈列以消化库存：采用公司建议的陈列标准在短时间内会存在无法立即解决B产品库存偏大的问题。我们可以建议当地经销商向商店要求为B产品进行单独的陈列。其好处是：①解决库存偏大的问题；②增加本公司产品在店内接触到消费者的机会。但要付出的代价是：①商店可能会要求给予额外的促销支持；②商店可能会要求额外的陈列费用。因此我们建议，在提出单独陈列的时候，最好能够：①利用公司正在进行的或即将进行的促销活动一同进行陈列安排；②付出较小的代价换取较大的陈列，因为这本身是在帮助客户解决问题，我们在这一点上处在“帮助者”的有利地位。

价格：高也不是，低也不是

价格管理对市场的稳定非常重要。实际上我们很多时候说市场做乱了，都是乱在价格上。因为新品价格不透明，公司促销政策又多样，对价格冲击都会存在。价格低了就是砸价，价格高了销量、销售氛围就起不来，同样做不了新品。渠道商会乱价，终端店也会乱价，这个问题其实很复杂。这里我们探讨一下商超（其实也是一条渠道了）砸价的问题。

商超“砸价”，是指商超事先没有得到企业的同意，擅自把价格大幅度降下来做活动，有时甚至跌破进价，如囤货降价、时段降价等。

砸价对企业价格体系的冲击很大甚至是崩盘，而且往往会引起连锁反应，使得公司方面被各路终端的质问搞得手忙脚乱，甚至其他卖场对你的产品下架封杀。更有甚者会波及批发渠道的价格体系。商超为吸引客流量、打击竞争对手，甚至惩治欠配合的厂商等都会用超低价。

通常来讲，卖场对其整体的产品布局有清晰的通盘考虑，走量的、赚利润的、做形象的、当炮灰的，都会有一个比较明显的界定。被拉出来打价格战的商品其实只是一些特定的商品品类。针对超市的经营和消费特点，通常会选择做价格战商品的包括品牌性商品、敏感性商品、当季时令商品、常用耐用商品、大家电类商品等。

那么，当遇到商超“砸价”该怎么办呢？

第一步，业务人员要能及时掌握超市的价格动向，一旦发现“砸价”的苗头，销售经理要在第一时间赶到与超市进行紧急协商，并迅速查清超市恶性降价的起因。如果是因企业的过错而引起的砸价，比如，企业对破损和即期产品的退换不及时，导致超市要特价处理这些不良品，企业首先要负荆请罪，同时要迅速采取相应的补救措施，且以后要吸取教训。

第二步，和造事门店沟通的同时，要迅速主动地对其他超市进行解释与说服工作，沟通一定要到位，告诉他们这次特价是个意外，是“某家商场的个人行为”，我们很快会制止，消除他们的疑虑，防止他们跟进，这个不能忽视。

第三步，如果以上协商措施不能奏效，那企业就不得不进行正当防卫了。当机立断，马上对其停止供货，并切断该卖场其他途径的货源，使其无货可卖。强势品牌，可以提出严正声明，要断货。弱势品牌就要做得圆滑点，比如可以对超市说，运输出了点问题，货跟不上没办法补货，而实质上同样起到了断货的作用，毕竟关系还是不能搞僵的。

第四步，单纯切断货源还不够，因为超市的存货也足以对价格体系造成冲击。另外，切断了超市的货源，有可能就意味着双方的关系彻底崩了，甚至超市会搞报复性特价。所以，除切断货源外，还要积极组织大规模的“保护性回购”。尽快筹集好资金，全力发动自己的所有人员，在第一时间到超市把“超低价销售”的产品抢购回来。回购产品会造成一些经济损失，但相对于砸掉整个区域市场来说，这个代价是微不足道的。

如果商超同意恢复原价，但是 DM 已经发出去了，企业也要顾及商超的信誉，不能完全取消，但也要减少排面，停止店内发放 DM，以使影响最小。

以上只是些应急的处理办法。对于新品来讲，首先，促销方案要注意回避价格战，以免成为诱因。另外，如果能为不同零售系统量身定做产品规格或包装，就会使价格不具可比性，从而回避价格战。

库存：多也不是，少也不是

库存少了会有什么问题呢？首先，陈列不饱满，影响陈列效果，因为我们要"货卖堆山"。其次，陈列面有可能被抢，如果是家乐福这样的系统对陈列的要求，会直接让你隔壁的竞品占领你的排面。第三，易发生断货，商场是要找麻烦的，如果是促销期间，消费者也可能找麻烦，并且可能会让忠实消费者失望，好不容易有时间去趟超市，却没你的货。可口可乐有个统计：零店因缺货、断货而失去了10%的销售机会！

库存多了会有什么问题呢？首先，给商超门店带来仓储压力，库管对你有意见，不容小视。其次，占了经销商较多资金，本来30万元的货能做3个门店，现在压货太多只能做两个门店了，影响资金的使用效率。第三，时间长了影响货品的销售，谁都不愿买临期产品的，甚至会损坏，退残退损、过期品风险增加。第四，卖场囤货多了也不是好事情，哪天给你来个"超低价"就有你受的了，等等。

为什么库存管不好？其实是个系统问题，不论从供应商还是零售商以及它们之间的配合来讲都是个系统问题。首先，供应商的销售预测不准确、物流配送不及时、信息沟通不畅、人员管理不善等都会造成库存问题。供应商送货到零售商的配送中心，存在着大量的货损、送错货和运送不准时等问题，缺货都是其直接的后果。很多零售商也都抱怨供应商的供货质量，并认为这是导致缺货的主要原因。其次，比如供应商门店直送，每天几百家，商超后仓在收货、上架、仓储以及之后的补货环节也常有混乱。最后，从供零配合来讲，供应商和零售商之间的关系紧张，在相持不下的情况下，零售商会威胁供应商停止支付货款，而供应商也会在零售商付清货款以前，停止运送新的货品，这也会导致断货。

对于新品来讲，因为销售难预测、不稳定，所以及时掌握信息、跟踪商超订单就变得尤其重要了。

助销：提升销售氛围

助销或称为终端生动化，是在终端帮助销售的各种道具的运作，以提升产品的“静销力”。产品的生动化展示直接决定销量的改善。终端生动化有个洋名叫 POP（point of purchase Ad. 售点广告），包括所有在销售场所设置的广告物，如特价牌、挂牌、灯箱、招贴画、围幔、货架贴、跳跳卡、挂旗、售点电视、售点喇叭、广播等。

新品入店后，因为消费者认识不够，所以应特别注意这一点。

除了给新品更好的位置、更大的排面外，售点提醒一样重要。比如通过堆（空）箱、爆炸花、货架贴、海报等进行告知。还要特别注重小终端老板的推荐。比如卖双汇新品火腿肠，在铺货的同时就要求业务员随身带着两把刀，一把大刀划开包装箱做陈列，一把小刀划开一根火腿肠让老板品尝。只有老板对我们的新品有感觉，当消费者不知选什么的时候老板才好作出很自信的推荐。

终端生动化，对消费者来讲，可以告知消费者产品上市的消息，传达商品信息，使店内消费者认知产品并记住品牌及特性，加强消费者购买动机等；对终端商来讲，可以促使消费者产生购买冲动，提高零售商的销售额，制造出轻松愉快的购物气氛，代替店员说明产品特性、使用方法等。从应对竞争的角度来说，生动化是消费购物时的刺激，比空中广告更直接和及时，可以对竞争对手实现终端拦截的效果。

终端生动化是要和陈列一并考虑的，陈列更多是针对货品要摆出统一的符合公司定位的形象，诸如引起消费者的注意、体现和提升品牌形象、增加与消费者接触机会、准确拦截目标消费者、与同类产品合理化比较、体现产品结构等目标；生动化更强调售点的广告效果，售点广告的作用是刺激冲动性消费，让人感受到产品品质和品牌形象，从而起到广告作用。

没有看到产品，消费者就不会选你；而不摆上货架的产品卖不出去，公司和店主都会失去利润和销量。生动化是业务人员的天职，是最后的也是最重要的提升销量和树立品牌形象的手段。生动化和铺货都做得好说明业务人员已经尽责，销量小也不是他们的错。反之，销量再大，生动化和铺货做得不好也说明他们没有尽量挖掘潜力。

售点生动化，首先要求企业市场部门要能创新性地根据品牌、产品、门店、消费特点等设计出有吸引力的广告形式和道具，比如“七匹狼”专卖店门口那七匹狼的模型，谁看到目光都会被吸引。其次，公司在这一块要有一定的费用预算，售点广告甚至比空中广告花得更有效果，因为其范围小、针对性强，费用效果更直接。最后，业务团队要有意识地争取各种展示机会，积极争取，比如商超储物柜、电梯扶手、联合吊旗等使用非常生动的表现，多半都是一些知名品牌企业的作品，这是相辅相成的事。

在可口可乐公司的市场策略中，有效的生动化是其中最主要、最重要的部分之一。以下我们来学习一下其生动化的操作方法吧。它关注了5个方面，即货架展示、广告、陈列、冷饮、存货。

1. 货架展示

包括正常货架、活动货架和落地陈列。

（1）正常货架展示。

1）位置：强调产品要摆放在消费者流量最大、最先见到的地方。

2）外观：货架及其上的产品要干净、整齐。

3）价格牌：应有明显的价格牌，因此陈列的商品均要有价格标示，所有产品在不同的陈列设备中均需一致。

4）产品排列次序及比例：陈列在货架上的产品应严格按照可口可乐、雪碧、芬达的次序排列，同时可口可乐品牌的产品应至少占到50%的排面，可口可乐产品在货架上唾手可得，包装平行、品牌垂直。

（2）活动货架。公司经常向客户提供活动货架，这是一种半永久性的陈列设备，其主要作用是陈列销量大、周转快的品牌和包装，以使其有更多的陈列空间。当商店无足够的产品陈列空间时，使用活动货架可以争取到更多的陈列空间。一般以不超过一种包装、4～5个品牌为原则列于活动货架上；放置在主要饮料区之前，在竞争产品之前，靠近相关产品（如小吃区）；每个品牌/包装陈列时，必须清楚地标明品牌、包装、价格，以及特卖等促销信息，并确保店内所有同种产品的价格一致。

（3）落地陈列。为了促销产品，强调某一促销活动/产品/包装假日特卖，或者为高周转产品提供更多的存货量所做的陈列，陈列方式有端型和岛型。

2. 广告

售点广告能提高售点形象，把客户引进售点，同时也增加可口可乐产品展示的吸引力、可见度。生动化是围绕着产品，在选用时要和产品相配，广告必须张贴在售点和卖点内，要张贴在最显眼的地方，如进门处、视平线处等，以吸引消费者的注意力。外观上要求干净整洁，不可被其他物品遮盖，并更换及拆除已褪色或附有旧的广告标语的广告物。

3. 陈列

陈列生动化的目标是尽量占据更多的陈列空间，尽可能地增加货架上产品的陈列数量，应在售点内多处展示可口可乐的产品。顾客能在越多的地方见到可口可乐的产品，销售机会就越多。可口可乐的产品应陈列在消费者最容易看到的位置。应集中陈列，品牌垂直，包装水平陈列，维持每一品牌、每一包装两个以上的陈列排面以方便补货及增加产品循环。如有价格促销时必须使用特别价格标示。陈列要考虑位置、产品次序和比例、外观及广告品/价格牌。

4. 冷饮

可口可乐及其他品牌饮料的口味和特殊感觉只有在0～4度时品尝会最好，尝过冰凉的可口可乐的人将成为我们的忠实消费者，可口可乐向经销商提供冷饮设备，如现调机、玻璃门冷柜等。

5. 存货

即货架上的存货和仓库内的存货，应及时补充货架上的产品，先进先出，仓库内要先进先出并摆放在容易拿取的地方。

促销：促进动销的手段

促销是营销当中最生动的一种手段。新品上市，要想制造销售氛围，促销不可避免。一方面是对渠道商的促销以推动分销，另一方面是针对消费者的拉动消费。

针对终端的促销，比如可以采取“终端陈列有奖”，以鼓励终端对我们的新品进行展示，比如上导购人员、购买终端的特殊陈列位、联合促销的“厂商周”、对终端团购的支持等。另外还包括对消费者的拉动，终端只要能获得厂家的政策支持，都可用这一种促销手段。

针对消费者的促销，实际上在终端层面提的促销多半是指这部分促销。比如捆绑、特价、赠品、第二件半价等。对于商超这样的现代渠道，对供应商的促销方案要求较高，他们也要通盘考虑是否有利于商超门店的经营，是一件较复杂的事。比如沃尔玛在选择促销方案时要考虑到是否吸引消费者、增加消费者每次购买量、操作简单、效果直接、明确合理的细节安排、对整个品类有积极的影响等方面。许多从传统渠道转型过来的供应商，是需要一定时间积累才能提高的。

这部分内容，下一节我们会重点阐述。

第二节　新品促销推广

消费者拉动，我们提三个词先做个辨析。一个是“广告”，一个是“推广”，还有一个是“促销”。广告的一般理解是线上的，如电视、网络、广播、报纸等，往往归市场部管，立足的是长远的效果，不太在意眼前的销量；促销，是销售部的活动，往往是让利性质的以追求短期的效果，如销量提升、库存处理、打击竞品等；推广介于广告和促销之间，市场部和销售部都有要求，长远和短期效果兼顾。现在销售部的促销，也不能只管短期效应，必须兼顾长远的品牌建设，即你做促销提销量还是处理库存，都不能以损害品牌为前提。特别是在新品上市阶段，销售部的促销一定要平衡到销量和形象，这是第一个提醒。

新品促销推广的策略要点

第一，促销的最基本的目的是为了扩大需求。

不论是为了吸引更多的人来用我们的产品，还是让用我们产品的人可以更多或可以一次性买得更多，甚至一辈子都会用我们的产品（忠诚度），都是为了扩大需求。对新品而言，我们的重点显然是为了吸引别人来试用，扩大消费人群。所以基于这样的目的，像试用（吃）、派赠等就可以派上用场了。

第二，促销要参与简单，操作性强。

成功的促销战术一定是消费者参与最广的形式，而要吸引大量消费者的参与，就必须简化一切程序，使消费者不费吹灰之力就可参与。在如今快节奏的社会中，消费者是没有心情对费事的活动感兴趣的，有些促销方案，动不动来个“好礼五重奏”，试问各位，你们有几个有耐心全程参与这样的活动呀？这是没有意义的！而对于执行来说，只有程序简单才便于控制，其操作性才强，运作才能到位，效果也就能得到保证。

简单的促销活动还利于复制。对于新品促销而言，我们主张选出一两个有效的促销形式，然后大规模地投放，这对效应的积累更有好处。

第三，促销要动态调整，灵活运用。

每种促销方式都具有各自的特点以及适用条件，它们的运用不是静态的。不同的产品、行业、市场阶段以及竞争形势中对促销战术的要求都是各不相同的，关键是要对市场状况进行透彻的了解，根据不同促销手段的特点安排适当的组合方式，从而使促销战术都能适应不同市场阶段的具体要求。

第四，促销形式简单化，促销主题要富有创意。

促销形式如可口可乐的“瓶盖设奖”，促销主题如可口可乐瓶盖设奖叫“畅饮畅赢”，两个概念是不同的。我们所讲的促销创新，是指主题。现在的促销活动丰富多彩，大量新颖的活动在吸引消费者参与的同时，也提高了他们的要求，而且促销的手段也有限，关键是使促销活动具有独特的内涵，这就要求不仅要设计合适的促销形式，同时也要为每一次促销设计新颖的主题，提供恰当的利益，以吸引更多消费者参与。

促销推广方案设计

一个有策略的、考虑周全的促销方案对保障商超促销活动的效果起着非常大的作用。提起促销，很多人追求的就是促销形式的新颖性，这是狭隘的，促销方案又不是搞创意大赛。一份不能站在整合营销的视角出来的、顾此失彼的促销方案只不过是多浪费些资源的无效劳动。

促销方案的制定有很多重要的指导原则，比如让利性、合法性等。比如有家涂料企业针对油漆工开展促销，方式为在每桶油漆中直接投入五枚一元的硬币，在一元硬币刚推出的时候，这一招对引导油漆工向业主推荐该品牌效果是直接的。可是，直接给消费者钱属商业贿赂行为，就是不合法的，因此此招虽新颖有效，但不可执行。在这里对促销方案的制定，我只强调两个原则。

第一，策略性。

促销是营销中最生动的一个要素，它不可以单独操作，它是要和其他要素如产品、区域、渠道、品牌、费用、人员、竞争环境等一起服务于销售的。所以促销活动必须是站在整合营销角度来思考问题的。一个有策略性的促销方案，你得考虑到全年的促销有没有规划，各项促销能不能发挥联动效应，促销活动与其他市场活动如何联动，促销费用如何规划，促销活动能整合哪些“免费”营销资源，如何应对竞品的促销，促销方案有新意否，能否吸引消费者参与，区域团队对促销活动的执行能力如何，等等。当然，还远不止这些。

第二，要注重方案的可执行性。

企业中市场部和销售部往往较难相处，为一个促销方案的执行效果大家都在互相推诿。销售部的人会质疑市场部的方案是闭门造车，市场部的人会埋怨销售部没执行力。为什么促销方案执行起来就变样了呢？这里从方案制定的角度提出几个主要的原因，方案制定者可以对照自检。

1）促销活动承载了太多职能。

2）没有考虑到区域等市场的实际情况。

3）执行环节过于繁杂。

4）方案本身不完善，如细节考虑不到位。

5）公司内的资源配置跟不上。

6）执行团队不理解促销方案的关键。

7）损害了执行团队的利益，引发抵触情绪。

8）方案制定者不对促销效果负责。

在方案的制定上，我们总结出，一份完整的促销案至少包括以下项目，见表4-3。

表4-3　完整的促销方案所包含的项目

内　容	说　明
促销目的	为什么要搞这次促销，要达到什么目标
促销对象	渠道成员、消费者、使用者等
促销主题	对消费者找一个借口，掩饰我们做生意的意图
促销产品	用哪种产品来做促销
促销时间/档期	什么时候促销，持续多久，起止方式
促销地点	区域、终端、场内/场外如何联动
促销形式	采用的形式，参与的条件
促销物料	促销陈列道具，宣传形式，赠品/礼品，导购等
促销宣传	促销前、中期宣传
促销费用预算	销量预测、需要哪些资源
促销的准备、实施与检查方案	准备的内容、实施的步骤、检查的要点等

（1）促销目的，即解释“为什么要搞这次促销”之类的问题。我们的业务人员在销售受阻时想到的第一招就是打电话、发邮件向领导要政策做促销。但是促销的目的不仅是为了销量，还有提升终端表现、降低库存、推广新品、打击竞品、客情维护等。比如有的时候就是因为竞争对手在做促销，所以我们跟进，有的时候就是为了讨好一下采购，我会申请促销……其实这些都很正常。另外，每一次促销不要承载太多的目的，又要降低库存、又要做形象难免偏颇，这也是许多领导常犯的毛病，期望越高，往往失望越大。

以下市场背景下安排的促销活动，你能辨出其促销目的吗？

1）8月1日产品将由原来的包装转换为全新特惠包装，6月1～30日公司安排了旧包装产品2盒获赠电影套餐券的促销活动。（答案：处理库存）

2）利用世界杯机会，箭牌世界杯主题促销，在大型零售卖场进行户内户外的大型主题陈列及足球游戏活动。（答案：提升终端表现+与消费者沟通）

3）高露洁最新推出亮白系列牙膏牙刷，开展了购买高露洁亮白牙膏165克一支，送亮白牙刷一把。（答案：推广新品）

4）得宝纸巾刚刚进入中国市场，开展了得宝纸巾堆硬币大赛。（答案：与消费者沟通）

5）南孚电池进入由555电池垄断的中国南部市场，举行了南孚电池以旧换新活动。（答案：打击竞品）

6）销售旺季，青岛啤酒第二箱半价。（答案：提升销量）

（2）促销对象，即选择去激励哪个环节。可以针对零售商、消费者（购买者或使用者）。讨好零售商，你可以做联合促销、付费做陈列、买赠等；讨好购买者，你可以做特价、派送、抽奖、回馈消费者的主题活动等；讨好使用者，你可以做包装内刮刮卡、开盖有奖等活动。促销资源是有限的，用力要集中，否则都讨好反而不一定有效果，要做好规划。促销可针对竞争对手的消费者、从未购买过我们产品的消费者以及我们产品的忠诚消费者展开，也可针对儿童+母亲、女性+恋人、个人+家庭的消费者组合展开，不同的促销对象促销形式各有不同。

（3）促销主题，即在面向消费者、终端时找一个借口，出师有名，掩饰我们做生意的本来意图及变相降价的负面影响，如以节庆贺礼、新品上市之名打消变相降价促销的负面影响。赠予活动一个恰当的主题，对吸引消费者参与的兴趣作用很大。促销主题，有点像散文的“神”，有了主题，我们在设计促销的其他环节如平面广告、产品组合、活动方式、宣传方面等都能统一起来。如果没了神，整个促销活动就会“魂飞魄散”。

（4）促销产品，即用哪个或哪些单品来做促销。它可以是新品或销得最好的、销得最差的、知名度最高的、公司主推产品、直接针对竞品的策略性产品等，这和促销目的直接挂钩。比如做销量，当然用销得最好的来做活动最有效果，打击竞品肯定用策略性产品最好，做消费者沟通肯定是公司的主推形象产品最好等。促销时应该根据不同类别产品的特点、市场拓展阶段、消费群结构、销售政策等因素，对主攻产品、助攻产品与应节产品/潜力产品进行有效组合，在终端形成交叉销售，相互带动销量提升。

（5）促销时间，即什么时间进行，进行多久。比如一个档期若跨两个周末可能平均日销量会比只有一个周末的好。如果与超市合作的买赠、特卖，还要注意促销协议中明确限时限量，否则在促销期间出现赠品/特价产品供货不足，会面临罚款、清场的危险。促销时间应考虑节日（如双休日）与假日（如情人节、五一、十一等）

之间的联系，公司的整体推广态势以及竞争对手促销活动的周期，在促销时间上掌握最佳切入点，从而有效借势和造势。

（6）促销地点，要选择定位及其商圈的顾客群与促销产品的定位、目标消费群一致的，如人流量大、形象好、地理位置好，并且店方对该产品较重视，有较强烈的合作意愿，愿意配合厂方促销、备货、陈列、让利、宣传、定价等的商超。还要确定是在店内还是在店外做促销，如要让几个门店联动促销时，天时、地利、人和也是相当重要的一个环节。

（7）促销形式，主要是解决促销优惠方式、执行方式以及促销参与条件和起止条件的问题。主题促销均应明确促销的目的与对象，考虑公司本阶段推广的重点，并围绕此目的来采取最佳组合形式，不得发生促销目的与形式不符的现象。可采用的形式有买赠、降价、捆绑销售、派送、特殊陈列、DM、抽奖、现场活动等，每种形式都能作出很多创新的玩法，也是最具创意的一个因素。而且各种形式可以在一个活动中组合使用。促销形式有创意自然是好事，这可以吸引消费者有更多的参与兴趣，但这也考验了企业销售团队的执行能力。对于大多数中小企业而言，建议企业能总结一两种规模较小、便于执行和复制的促销活动形式，不求复杂，但求有效。

我们来分析一下常见的促销形式的特点。

1）价格促销：价格促销是最常见、最直接、见效最快的促销方式，旨在降低产品销售价格（分为直接降价和间接降价），让利于顾客。注意这是一剂猛药，不可常服，要注意把握火候。另外还要注意促销时机、产品特点、折扣幅度、定价策略、持续时间、主题形式、补货、活动后复价、竞品的反应等。

2）赠品促销：在产品以外根据购买数量或金额，赠本产品或其他产品（服务），如规定消费者消费两罐就可获赠一套精致餐叉。注意赠品的选择原则，常见新颖、低价位高形象、有宣传作用，而且要限时限量。

3）人员促销：企业或商家招聘和培训专业的促销人员，派遣到终端针对消费者进行促销活动。促销人员通过为消费者提供导购服务、介绍产品，寻找并满足消费者的利益点，激发消费者对产品的兴趣和消费欲望。该促销方式的关键点在于促销人员的素质与技能，这取决于两点，一是选人用人，二是培训（了解促销目的、政策、推销技巧）。

4）演艺促销：通过在终端（店内或店外）搞小型的文艺演出活动，塑造特有的品牌文化和情感气氛，加强消费者与品牌的交流与沟通，增强消费者对品牌的认知度和美誉度，增强其消费欲望。该促销方式的关键点在于演艺的内涵与品牌定位是否相符以及现场氛围的营造。

5）有奖促销：以机缘的几率物质奖励激发消费者博彩式消费激情的促销方式，如刮卡有奖、幸运抽奖、集盖中奖等。该促销形式一般为产品由导入期向成熟期过渡阶段采用，新品上市一般不宜采用该促销手段。

6）联合促销：通过和强势品牌的联合，借助联合品牌的影响力（强）或利益（弱）提升产品销量与知名度。“弱+强”如电影院与麦当劳，“强+强”如可口可乐与腾讯，“强+弱”如资生堂与晶晶美容会所等。该促销形式讲究多方共赢与资源整合，实现1+1>2的效果。

7）捆绑促销：将两种产品捆绑在一起以低于两者市场价格的方式激发消费者的购买欲望的促销方式，如新品捆畅销品、不同口味捆绑、不同规格捆绑、三品联合捆绑等。该促销手段一般用于新品上市推广和畅销产品的增量消费。

8）体验促销：让消费者在免费体验的过程中了解产品的品质与利益点，从而产生购买的欲望的促销手段。在汽车、酒类、饮品、健康器械、软件、网络产品等的市场营销中比较常用。该促销手段一般用于新品上市推广和新、奇、特产品的推广。

（8）促销物料：即促销活动需要哪些助销品、赠品、宣传品等，如特殊陈列形式、特定促销形式需要的道具、各种助销用品、各种地面宣传用品、促销用礼品、赠品以及导购人员及其装束用品等。少了这些东西就很难“搭台”了。而且这些东西的设计、制作、配送、保管因涉及项目比较多，也是件麻烦的事，要细心地处理好。

（9）促销宣传：即在促销前、促销中甚至促销后的宣传方案、活动告知。没有这个过程聚不来人气，很难高效应对信息不对称，很难得到目标群体的关注和兴趣，其他的一切就都白费了。

（10）预算：算算要花多少钱，准备投入多少费用等。这里首先是销量的预测，基于此计算本次活动的销售费用和市场费用，要尽可能详细。这也并不是容易的事，因为如果是类似抽奖的活动，还会涉及概率的计算，可不简单啦。预算大体有两种方法，一种是正推法，即以活动为中心算要花多少钱；另一种是逆推法，即确定准备多少钱，你看着能以此来做什么活动。如表 4-4 所示的是某次促销活动的预算表（节选），是正推法，考虑得就很仔细。

表 4-4　促销活动预算举例（节选）

序号	项目内容	单价/元	数量	金额/元
1	明星立像设计、喷绘（1.5 米×0.8 米）	120.00	40	4 800.00
2	明星立像架制作（1.5 米×0.8 米）	150.00	40	6 000.00
3	幸运大转盘设计、制作	00.00	15	00.00
4	促销台	600.00	15	9 000.00
5	促销小姐共 9 天，30 位	50.00	270	13 500.00
6	充气拱廊设计制作	00.00	15	00.00
7	活动告知架立幅（1 米×0.6 米）	150.00	40	6 000.00
8	活动告知立幅喷绘（1 米×0.6 米）	60.00	15	900.00
9	“贴士”小册子	0.50	30 000	15 000.00
10	宣传单页（32 开、157 克铜版纸）	0.20	120 000	24 000.00
11	POP（4 开、170 克铜版纸）	1.00	3 000	3 000.00
12	欢乐小气球	0.10	50 000	5 000.00
13	报纸软文	5 000.00	3	15 000.00
14	抽奖券	0.20	10 000	2 000.00
……	……	……	……	……

（11）促销的准备、实施与检查计划。实质性的准备工作需细分责任，落实到人，规定完成时间，避免某项工作出现疏漏而影响整体进程。举个例子：某休闲食品企业计划于10月1日~10月7日在某卖场做买赠活动，活动方案已制定审批通过，并设有专项的促销活动组，包括项目经理1名，活动组人员2名，促销主管1名，活动准备排期表见表4-5。

表4-5　促销活动准备排期表举例

序号	工作项目	要　求	准备时间	完成时间	执行人	跟进人
1	广宣品设计采购	广宣品设计2天，采购制作3天，9月5日前完成	9月1~5日	9月5日	采购部人员/促销活动组人员A	采购经理/项目经理
2	赠送的礼品制作	制作周期5天，样品交项目经理审核通过，9月5日前提交促销活动项目经理	9月1~5日	9月5日	采购部人员/促销活动组人员B	采购经理/项目经理
3	确认促销超市	向店方书面展示促销政策，并就备货、定价、提供场地、广宣品布置方式、厂方促销人员数量、促销区域等鉴定协议，并获得驻场促销人员核准手续	9月5~20日	9月21日	业代A/项目经理	项目经理
4	与店方洽谈供货事宜	确认在促销日前店方有充足、全品项备货	9月2~28日	9月28日	业代A	项目经理
5	再次与店方确认促销配合事宜	持已签订的促销协议与店方洽谈，再次确认	9月2~29日	9月29日	业代A/项目经理	项目经理
6	促销人员招聘活动	招聘熟手促销人员5名（有当地身份证、健康证、有担保人），按促销培训指引进行岗位培训	9月5日前招聘；9月2日~28日培训	9月28日	促销主管负责/活动组员工A、B协助	项目经理

（续）

序号	工作项目	要　求	准备时间	完成时间	执行人	跟进人
7	促销开始前，店内广宣品、产品备货、陈列达到设定要求	促销方案中对促销现场的备货、陈列、标价、码放等作出详细规定（最好有现场模拟图），促销前一天要求全部到位	9月 2日~30	9月30日	业代A/ 促销活动组全体人员	项目经理
8	确认准备工作已全面落实、物料齐备	促销全部内容已与店方达成共识，并确认；促销店产品供货、陈列、广宣品、标价合乎要求；促销人员就位，岗前培训合格	9月 2日~30日	9月30日	项目经理	销售经理
9	安排促销人员进场开始促销	促销第一天，促销活动组全体人员到场，项目经理全天跟进，纠偏，销售经理当天审查促销效果	10月1日	10月1日	项目经理	销售经理

促销推广高效执行与评估

1. 促销方案高效执行

我们经常看到，很好的促销方案未必能有好的效果，一流的点子加三流的行动，准备以及执行的过程管理是促销活动落地的一个大问题。比如促销员培训不到位、促销高潮中出现断货、与商超的客情关系紧张、没有建立严格的过程监控体系、没有对促销活动设计竞争性防御措施，等等。

业务团队要充分地重视对促销过程的管理，特别是负责制定方案的市场部策划人员。要能真正理解促销活动不仅只是制定个方案，也不是方案制定出来就等着看最后的结果了，目标和结果之间还缺一环“执行”，执行团队的表现决定了你方案的最终成效。此外，包括促销准备、与零售的沟通、过程督导，以及之后的评估等才是一个完整的促销管理。

要对促销的结果负责，其实就是需要我们重视过程管理。要把促销的各项事件落实下去，准备好促销过程使用的各项表单工具，要重视方案的沟通（动员会、培训），过程要有督导，活动时要有日会跟进，促销监控要保持信息及时，准备全面的沟通，对促销效果要有考评。

促销的高效执行，首先要和卖场做好沟通。在卖场内做活动却得不到卖场的支持，那只是一厢情愿的单方面表演。零售商选择促销活动有许多自己的标准，我们看一下某个大卖场对促销活动的选择标准：

1）能吸引更多的消费者光顾。

2）增加消费者每次购买量。

3）明确、合理的细节安排，操作简单。

4）效果直接。

5）对整个品类有积极的影响。

6）有助于顾客忠诚度的建立。

与零售商沟通促销计划，有两点需要特别提醒。一是要站在零售商的角度去考虑问题。以了解客户的生意需求为交流的开端，根据客户需求状况调整销售介绍，并选择活动能给客户带来的利益点，保证我们说出来的都是客户的利益，而非都是我们的利益。二是你在介绍方案时不能只有文字，要注重给对方更深刻的效果体验，让对方深切感受到此项活动带给他们的利益。以上的工具就是为了达到这个效果，图例、资料、效果图等生动的演示工具会使谈判更具说服力。利用图示等可视化工具可以保证销售人员的逻辑清晰，清楚地表达复杂的活动，而且客户的注意力易被我们所引导。

其次，促销活动前要做好准备工作。需注意工作责任到人、促销方案的内部沟通、促销物料的布置、现场人员安排等。

1）要确保促销人员对促销活动的理解，如促销目的、促销政策、促销话术、广宣要点、考核重点，以及劳动纪律等方面的要求。

2）陈列、上货、广宣品布置等工作尽量在前一天晚上做好，尽量避免活动当天才去做，更不要在店方生意高峰期做生动化，以免引起现场混乱，造成店方不便。

3）活动前应制作相关人员通信簿，保证沟通顺畅，同时了解促销过程中店方的联系人（如柜组长）是谁，出现严重问题找谁。

第三，要注意过程的管控。比如巡访员要加强巡访频率，关注货品进销存、导购员表现、现场问题的解决等。主管要不定期巡场检查指导、每周要召开促销工作人员会议等。

2. 促销效果评估

促销评估可以积累促销经验，提供人员考核的依据。并且你评估考核的内容，也是对团队促销活动提出的最明确的要求。很多企业的促销目前只考核促销期间的销量，其实这是很粗放的，对促销的效用并没有充分发挥。

下面根据对促销活动不同的关注视角，提出三种评估的方法，即业绩评估、目的评估和过程评估，以供参考。

首先，是促销业绩评估。先看“销量净增加率”指标。一般来讲，在促销活动之后我们都有个销量的低谷期，销量净增加率指标就是考虑了促销前、促销期以及促销后的销量变化情况，综合对促销期销量的增加做的评价。可以看一个销量净增加率分析，见表4-6。

表4-6　销量净增加率指标分析

销售期	P-3	P-2	P-1	SP	P+1	P+2	P+3
销量	1 003	1 028	945	2 306	700	800	700
SP前平均销量	❖ =（1 003 +1 028 +945）/3 =992						
SP后平均销量	❖ =（700 +800 +700）/3 =730						
每一期前后减少的销量	❖ =992 -730 =262						
SP期销量净增量	❖ =2 306 -992 -（262 ×3）=528						
销量的净增率	❖ =528/992 ×100% =53%，即为我们要衡量的指标值						

我们再看第二个衡量业绩的指标，叫盈亏平衡点分析，就是找到该次促销活动必须达到的最低销售数量，这个指标关注的是费用投入的有效性。最低销售数量 = 固定投资/（毛利 - 让利）。举例：某产品在好又多做堆头促销，假设每件产品的出厂价为93.6元，厂家让利9.6元/箱，又花了堆头费1 000元，假设每件的毛利是31.2元，这样在这次促销中的盈亏平衡点销量为：固定投资/（毛利 -

让利）＝1 000 元/（31.2－9.6）元/箱＝46.3 箱

其次，是促销目的的评估。促销的目的显然不只是为了销量。促销目的的评估更多的是一些定性的指标，但对业务团队也有较好的引导作用，比如：

1）推广新品，我们可以关注产品销售总量、单个消费者购买量（客单价）、消费者热情度。

2）吸引新消费者，可以通过对消费者的当场询问收集信息并记录，交给导购去做。

3）刺激单次购买量，记录购买产品的消费者总数，以及单个消费者单次购买量。

4）消化库存，促销前后统计库存产品总量，促销前后统计库存产品生产日期批次。

5）打击竞争对手，与竞品陈列位置比较、促销前后销量比较、竞争对手是否有针对性措施跟进等。

6）改善店方客情，关注进场谈判、陈列谈判、促销谈判的配合度，以及订单配合度。

第三，过程控制评估。包括三个方面。

1）促销前的评估：与零售终端相关人员的沟通是否到位；促销人员是否招聘、培训到位；促销商品是否已经下单。促销的方式、店内陈列位置是否按计划执行。

2）促销中的评估：促销商品是否齐全、库存是否充足；赠品是否充足、是否按要求发放；促销商品的价格执行是否准确；促销商品陈列表现是否生动化；促销商品是否张贴 POP，是否醒目；促销期限是否按原计划执行；促销人员工作是否积极。

3）促销后的评估：是否与店方相关人员及时沟通；剩余库存商品是否及时处理；商品是否回复原价。

另外，企业应有意识地收集和提炼区域团队中好的促销案例，这是沉淀团队智慧的很好的方法，好的案例可以全国学习推广，使成功得以复制。以下是某企业提炼商超主题促销活动案例的流程，值得借鉴。

1）典型促销案例收集：区域经理负责收集典型促销案例，案例要包括促销申请方案、现场记录材料、促销评估报告以及第三方评价（卖场、经销商、执行人员）。

2）督导核查：督导实地调查门店及访谈当事人，确定促销案例的真实性。

3）整理归档：销售管理部整理归档，建立公司的主题促销案例库。

4）培训传播：销售管理部通过多种方式（如讲师培训、电子文档共享等）传播典型案例，使促销经验（教训）得以共享。

5）奖励：对于值得在全国推广学习的促销案例，由销售管理部申请、销售总监批准后对创作人给予奖励。

第五章

推新品，“人定胜天”是关键

事情都是要靠人去做的。新品推广很多是意愿性的、经验性的东西，人的因素就尤为重要。实际上，经销商会有很多顾虑不愿去推新品，如若这样，一开始就等于给新品判了死刑，再加上业务团队里也有许多“风言风语”，影响了士气。因此，如何调动内外两支团队的积极性，让他们有策略、有方法，是新品上市时营销领导必须做好的基础工作。

第一节 新品“赢”销战的八大禁忌

前面说推新品对区域运作是当仁不让的事情，相信我们区域团队在之前也不是全然不晓。可是要想统一企业内外两支团队（业务人员团队和经销商团队），齐心协力去推新品又是件很难办到的事。企业召开个新品发布会，本意是想和经销商老板一起商讨如何把这个新品推起来，说了形势，讲了政策，分享了经验等，折腾了一天，可是经销商老板却不动，他们心里真正在想的是：这个产品能不能做起来呢？

这下就麻烦了：企业想的是“如何做”，客户想的却是“要不要做”！原来一开始我们就不在同一个频道上沟通，效果就可想而知了。他们一犹豫，在投入、执行力方面就会大打折扣。因此这是个必须解决的问题。

那么，是什么原因让区域团队犹豫不决呢？有人说怕风险、有人说见效慢等，这都是原因，但具体的区域情况、具体的客户又会不一样。我们首先要做的就是找到区域团队在推新品时的心理障碍，然后对症下药进行说服，才能统一内外两支团队的思想，齐心协力打赢这场攻坚战！

本节就来讲讲新品“赢”销战的八大禁忌。

怕麻烦：还瞎折腾啥呀，做老产品多省心呀

做新品要重新去铺货，要在终端抢位置、做生动化，要做消费者活动拉动，要激励业务团队……实在太麻烦了！做老产品多省心呀，待在家里产品一样卖，钱是少点，可是“少就少点，能过就过呗，还瞎折腾啥呀？”

这是我们客户典型的“小富即安”的心态。人都是有惰性的，刚出道的时候，什么也没有却豪情万丈，如今该有的都有了，自然会有些懈怠，也是人之常情。可是“人在江湖，身不由己”，如果真是这样，客户就是在阻碍企业的市场拓展了，这是在拖企业的后腿！

我们常说白头偕老，可是其实前面还有一句话，叫“齐头共进，方可白头偕老”。我们经常听到一些名人成名之后休妻（夫）的故事，很多时候我们都在抱怨名人的“道德”有问题。可是，各位仔细想想，共实这不全是道德的问题。想当年这小两口门当户对，平起平坐，一起北漂做群众演员。现在名人通过努力成名了，努力是

要承受更多的压力的，许多名人会失眠、抑郁甚至过劳死，就是让你“潜规则”，你以为这很容易呀？所以名人通过努力成名了，如果糟糠之妻还是当年那个状态，失去了齐头共进的前提，不能白头偕老其实是必然的。厂商之间也是一样。可以坦白地讲，如果企业发展了，几年后你的销量、产品结构、客户服务、品牌建设等还是现在的你，我可以负责任地告诉你，下次开会这里就没有你的座位了！其实反过来也一样呀。企业如果真的在产品质量上、在应对竞争上、在产品供货能力或者是市场秩序管理上一塌糊涂，经销商抛弃厂家也是一样不留情面的！

所以客户要时刻保持着市场拓展的进取心。你既然在商海里混，就得这么折腾！如果你觉得你真的老了，折腾不动了，也有其他方法，比如交给一个职业经理人去打理，你则退居二线。职业人年轻，有他的激情，你也可以做些你想做的事，只是千万别占着位置不作为！

缺远见：现在就够麻烦的了，还搞新品呀

客户对新品的热衷与否，其实可以侧面反映出目前区域市场的状况。如果区域市场目前问题不断，或者断货，或者冲货，或者库存太大，或者应对竞争不暇等，是很难真的用心思去搞新品的。

新品是未来的销量。只有现在比较良性的市场才有精力和热情

关注更远的未来。就像卖保险的，一个刚毕业的还在为生计奔波的大学生，你想马上发展他买养老保险，显然不是时候。你应该也听过，情人节时某某大学生为了给女朋友送一款苹果手机，把肾都给卖掉了！这种人他还有心思考虑到60岁以后的生活会怎么样吗？肾都送人了，还养老保险呢！

因此只有运作比较良性的市场，如客户比较稳定、物流比较顺畅、环境比较稳定的市场，我们的客户和区域团队对新品才会有热情。新品发布会上，客户能准时到场、上课纪律井然、互动热情、企业敢跟客户提些要求等，都是和谐市场的反映。在给企业培训的过程中，我可以很明显地感觉到这些。道理很简单，一个饿得快要死的人，是没有心思“等鸡生蛋”的，能做的就是“杀鸡取卵”。

可是杀鸡取卵显然不是明智之举。一个区域的未来，需要我们现在去准备点什么？现在对新品无动于衷，以后怎么办？靠什么出销量，靠什么调整毛利结构，靠什么应对竞争？人无远虑，必有近忧！你现在的麻烦，就是你之前的“短视”造成的。如果再不痛心扭转，你将越来越难翻身。

急求成：这种产品呀，起量太慢

对于新品我们当然都是会有所期待的。养了一盆花天天浇着水，也是希望它能吐叶发芽，开出美丽的花，这是人之常情。只是这种期望是否适中？这很关键。事物本身有它的发展规律，我们很难左右。但对这件事物是否满意，是否依然保持你的热情，其实起决定因素的是你的“期望”。新品推广也是一样，从铺货导入到消费者拉动，再到销售氛围的营造肯定需要一个过程。如果我们区域团队把运作两三个月的新品和你运作一年甚至两三年的产品比销量、比铺货率，你当然容易失望的。而实际情况是，很多时候他们真这样比，并且真的比出了失望，然后就放弃了，甚是可惜。

我先给大家讲个小故事吧。假如现在有一个池塘，池塘里有一片荷叶。我们现在假定这片荷叶每天的繁殖速度是增加 1 倍，也就是今天是 1 片，明天就是 2 片，后天就是 4 片，然后是 8 片、16 片、32 片……以此类推。现在再假定 30 天这片荷叶可以把整个池塘布满，功成名就了。那么请问：第 29 天，这片荷叶布满了池塘的多大面积？一半！28 天呢？1/4！27 天呢？1/8！26 天呢？1/16……好，我们就算到这里了。也就是说前面 26 天，这片荷叶才完成了 1/16！这和我们推广新品很相似。如图 5-1 所示。池塘就是我们的区域市场，荷叶就是我们的新品，繁殖速度一倍也就是增长速度可以达到 100%，30 天可以做透这个市场。那么前面 26 天，我们只做了我们该做的 1/16 的工作。

但遗憾的是，我们很多区域团队让我们的新品活不过这 26 天！这也像挖井，哼哧哼哧挖了 10 米深，还没见水就放弃了，谁知水就在第 11 米处。然后换个地方再挖，挖了 9 米深仍没见水，然后又放

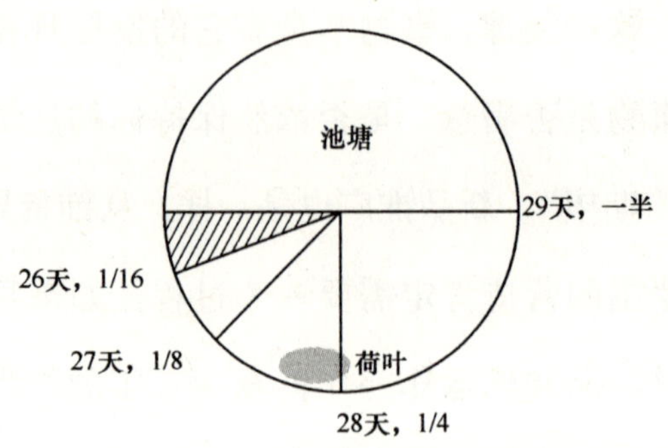

图 5-1　荷叶在池塘中的繁殖进程示意

弃了，实际上水就在第 10 米处。于是你的区域被你挖了很多坑，确实也做了很多工作，但就是因为没有坚持，急于求成，推出的新品都变成了“花色品种”。

对于典型的快速消费品，在区域的推广成功，你以为要用多长时间呢？很多经销商老板告诉我：3 到 5 个月。这个时间估计是有点急了。当然行业特点会有所不同，比如一款日化产品，新品推广有个“3—6—12”的说法，即 3 月内是完全投入的状态，铺货、做好终端陈列、适当地促销、广告等，3 个月时做个消费者调查——你们听过某某产品吗？如果有 1/3 的人说“我听过呀，上次看到他们在做促销，我还用过他们的产品呀”等等，说明这一阶段你及格了。然后 6 个月时，你再做个促销活动，或买个特殊陈列，你发现投入/产出比可以打平了，那要恭喜你，你已经实现了盈亏平衡。也就是前面 6 个月你每做一项市场活动都是在贴钱的，从此以后这个新品可以自己养活自己了，等到 12 个月时，你后半年挣的钱可以把前半年亏的钱都找回来了。

有的老板细细一想，唉，这不对呀，我忙了一年，最后只是个不赚不亏？那我图什么呀？各位，您说经销商老板图的是什么呢？他图的是一个挣钱的机器！新品做起来了，来年你不用再做太多的投入，它也会源源不断地给你贡献销量、毛利、终端形象等。你真正在意的是那一箱货的差价，还是这种挣钱的机器呢？

第一年，也有人能挣到钱的！这钱该让谁挣呢？让你的终端店老板挣，他会更愿意帮你去卖；让你的业务团队挣，给他们更多的提成他们会更愿意帮你推；给你的消费者更多的实惠，他们会更愿意去买。这才是真正做生意的头脑呀。这需要我们经销商老板有更远的眼光，更广的心胸。

对于企业人员，也要认知到国内市场推新品一定得有个过程，不必高兴得太早。毕竟不是做贸易，一两次销售和回款不能说明上市成功，最重要的是看消费者是否对你的新品认识、接受、购买乃至重复购买。尤其是对规模较大、网络好的企业。经销商们每人拉一车货都会造成你三五个月甚至半年时间供不应求。当然，这时候就举杯相庆为时尚早，要赶紧去终端零店和超市看看，产品已经摆到消费者“手边”了吗？这些终端店的回转怎么样？问问超市促销人员，消费者中回头客的占比大吗？毕竟，真正实现销量的只有终端售点，经销商、二批的踊跃进货只能带来一时繁荣。一旦被短期出货量蒙蔽，对终端铺货及回转跟进就会不力。

有时候我们往往会发现，市场在繁荣几个月之后突然停了，接下来你要面对的将是大量的经销商要求退货，通路上积压大量即期品，不仅新品必死无疑，整个通路都会受到伤害，严重者还会把该企业的其他产品“拖下水”！

乏执力：这种产品呀，我们这个地方不认

销售人员带着新品样品去找经销商，希望他们积极配合多进点货。接下来很多的场景是，经销商看了看新品，左比比右评评，最后总结发言：“这种产品呀，我们这个地方不认！”哎哟，这句话曾秒杀过无数新业务员，他们也只剩下苦苦哀求了：“公司有要求的，您老还是进点货吧！”

其实没做任何努力，只凭“经验”就给新品判死刑是极不负责任的表现。相信这样的老板也不敢在“资深”一点的业务人员，比如区域经理面前这样妄言的。

企业如果对开发出来的新品负责任，作为区域团队就要付出行动积极配合试销的。当完成以下七个动作，如果还不见起色，您再说：这种产品呀，我们这个地方不认！那我也就真的“认”了，否则，都是借口！

第一，客户进货了吗？

第二，你现有的终端都进去了吗？

第三，有没有针对本次新品的特点去努力拓展一些新的网点？

第四，终端占位及生动化做得如何？

第五，有没有组织必要的终端促销活动？

第六，老板本人有没有亲自指导、协助、参与新品销售？

第七，有没有告诉业务人员，做新品提存更高？

第一条是老板的心理态度问题。老板连货都不愿意进，肯定是没意向去推新品的，或者只是应付一下品牌公司的要求。

第二、第三条，讲的是产品要实现最广泛的终端覆盖。当然这有个循序渐进的过程，但广泛的终端覆盖是快消品运作的根本要求。

第四、第五条，说的是必要的终端拉动措施。包括占位、陈列、生动化、促销活动等，只是摆在那里就能静销的产品是极少的。必须有拉动措施促进动销。

第六条，要求老板亲自参与。实际上对我们厂家业务来讲，我们体会得很清楚：一个新品，如果经销商老板重视，愿意推，这个产品已经成功了一半。如果不愿推，只是应付厂家，就已经可以宣布新品失败了。

最后一条，涉及的是业务团队的激励。经销商老板眼光要放得远一点。天下熙熙皆为利来，天下攘攘皆为利往。只有让你的业务团队，甚至你下线的终端店老板能先挣到钱，你才能拥有更实惠的利益。

在“品牌泛滥”的今天，新品上市都不会一帆风顺，它必须有相当一段时间的“坚持”才可以成功。康师傅绿茶在1999年刚上市的时候，饮料市场还是纯净水和碳酸饮料的天下，康师傅绿茶铺货难度很大，销售情况并不佳，甚至业界都在普遍怀疑：“茶道”作为中国传统的饮食文化，是要用开水泡着喝的，是否能够被装在塑料瓶里凉着喝？但是，仅仅一年过后的2000年，康师傅绿茶不仅迅速成长为中国茶饮料的第一品牌，而且带动了整个“即饮茶饮料”的消费，造就了一个百亿元计的仍在迅速发展的市场。

新品上市要慎重，放弃新品的时候更要慎重，因为它已经占用了巨大的资源。而且每一个产品都有它的销售周期（如方便面是6个月，日化产品为期一年），一两个月销售不力不能说明该产品不适合市场；只要新品上市论证的工作充分，企业应该对自己的决策有信心，排除一切干扰，持续努力，在上述所提到的七个条件下，如果新品销售周期已结束，销量仍没有好转，再考虑退市不迟。

没信心：去年的新品没做好，今年还要上吗

受到过打击，再而衰三而竭。我们努力去追求一个结果，最后却因为初级错误而功亏一篑确实让人沮丧。比如新品刚上来就断货或出现质量问题；淡季强压铺货，铺下去之后又缺拉动，紧接着就得收货处理库存；各部门协调不好，新品上市各项活动发挥不了整体效果，严重脱节等，让人提枪再战那是更需要意志力的。

一方面，有些企业上新品常常是“四拍”型的：拍脑袋出新品；拍胸脯给保证；中间发现和之前想的不一样，于是拍大腿骂娘；最终拍屁股走人！这对业务人员和经销商团队都是伤害，只要经历过两次以上，你就成了“狼来了”的那个孩子，下次就很难再鼓动别人和你一起冲了。所以上新品是件很严肃的事，如果失败，损失的是前期打市场的“沉没性”投入，损失了时间，更损失了业务团队的信心。温总理说：“信心比黄金更重要！”斯言是也！

所以，企业要懂得保护业务团队的积极性。讲个小故事吧：有一位表演大师上场前，他的弟子告诉他鞋带松了。大师点头致谢，蹲下来仔细系好。等到弟子转身离开后，他又蹲下来将鞋带解松。有个旁观者看到了这一切，不解地问：“大师，您为什么又要将鞋带松开呢？”大师回答道：“因为我饰演的是一位劳累的旅者，长途跋涉使得他的鞋带松开了，我可以通过这个细节表现他的劳累憔悴。”“那你为什么不直接告诉你的弟子呢？”“他能细心地发现我的鞋带松了，并且热心地告诉我，我一定要保护他这种热情的积极性，及时给他鼓励。至于为什么要将鞋带解开，将来会有更多的机会教他表演，可以下一次再说啊。”故事的启示，我不用再赘述了吧？

另一方面，对业务团队来讲。我们的抗压能力得强一点。凡事积极、正面、主动地去处理，回报往往也是相应的。只要想做点事，就一定会遇到人的问题、货的问题、款的问题等，如果遇事就消极、回避，那肯定也一事无成。都是在为自己做事，只有自己才能帮自己。

同样也分享个小故事吧：一个秀才进京赶考，大考之前的一段时间总是在做这么几个梦。第一个梦，梦见自己在墙头上种白菜；第二个梦，梦见下雨天，他戴了斗笠还又打了伞；第三个梦，梦到跟心爱的表妹脱光了衣服躺在一起，但是背靠着背。梦总是有些怪诞，大家不用计较。人在遇到大事前总是做梦，会以为是什么神灵的暗示，于是这个秀才也想找人解解梦。

他到寺院找到了方丈，方丈是看破红尘、与世无争的，客观地讲不算“积极”，所以他说，施主呀，这不是好兆头呀，你看墙头上种白菜，那是不能浇水不能施肥，是长不好的，岂不是“白种”吗？第二个梦，戴了斗笠还打伞，这多累赘呀，岂不是“多此一举”嘛？第三个梦，背靠着背，岂不是“没戏”吗？秀才听后精神萎靡，沮丧地回家准备卷铺盖滚蛋了。这时候，酒店的老板同情地问明了原因，他说客官呀，我也会解梦呢。店老板因为是生意中人，整天和陌生人打交道，和我们一样是乐观积极的。面对这三个梦他是这样解的：第一个梦，别人菜都种在地上，你种在了墙头上，这叫什么呀？“高种”！有没有道理呀？当然有。秀才一听，精神就来了。第二个梦，戴了斗笠还打伞，那么，再大的雨也不用怕啦，这叫双保险，叫“有备无患”。第三个梦，梦到跟心爱的表妹脱光了衣服躺在一起，背靠着背，说明什么呀？说明“翻身的时候到了”呀！秀才听着店老板解梦，精神是越来越好呀，当听到“翻身的时候到了”

简直就是热血沸腾了。于是积极应考，据说中了个探花。

我们不能左右困难，但可以左右对困难的看法。有时，我们对事情的看法，决定了我们的精神状态，精神状态影响我们的行动，行为直接产生结果。所以积极乐观是我们业务团队必备的、非常优秀的心理素养。

所以，推广新品，一方面要求企业慎重，保护内外两支团队的积极性；另一方面也要求我们的团队能积极、正面、主动地去推新品，去年没做好，今年还得上！

少主见：我的费用公司还没报销呢，还推啥新品

有些客户以为推新品是在给你的企业帮忙呢：之前我们之间还有许多事没搞清呢，影响我情绪了，合作意愿减弱了；因此这次你们厂家想干什么，我也给你拖着，凉拌！

其实我们在市场上做，从来都是“带着镣铐在跳舞”，如果没任何限制地做销量，相信大家能整出太多方法不断开新户、窜货、价格促销等，但最后肯定不是这么回事。显然，没有规矩不成方圆，任何游戏都有规则，我们不能超越。真正的高手是带着镣铐还能跳出轻盈的舞蹈！

厂家也许会有一些做得不到位的地方或明显不合理，比如承诺的费用支持因流程太长没能及时兑付，临期品处理不给费用支持，

产品质量问题不能真正解决等。但是，又有哪个厂家能做到尽善尽美呢？我接触过太多企业，统一、旺旺、双汇、蒙牛、恒安等都是市值上百亿的企业，其实没有一家能说绝对可以的，要不然请我们去做培训干嘛？因此，对于经销商老板，你必须适应这种商业环境。

一些老板等靠要，等着公司让他都满意了，他才能提起精神去做新品铺货、买堆头、做促销，否则我就不动。这其实是对自己的不负责。因为市场不全是厂家的，是需要厂商共建的，你这样被动做事，是把筹码都压给了厂家。并且，你这样不配合，对厂家而言你也失去“可利用”的价值，地位就不稳了。

有家企业，经销商在卖场买堆头，公司补贴一半。比如家乐福2012年一个堆头2 000元，公司补贴1 000元。财务上都是这样算的：客户买了几个堆头再乘以1 000元给费用报销。第二年，家乐福的堆头涨价了，变成2 500元了，这哥们买了6个堆头，财务仍按乘以1 000的规则只给报了6 000元。这当然明显是财务的问题，而且错得太初级，让我们更生气。去申诉，走流程，再调整过来总得花时间的。客户老板想：好，那就等你们调整过来，上次的费用到账了，我再做陈列去吧！各位，如果这样做，黄花菜都凉喽！新品上市很讲究一个“速度”，速度可以做“势”，劝各位区域人员不要纠结在鸡毛蒜皮的小事上，而忘了我们主要的目标。何况厂家还没说不给你呀？财务人员是理解不了市场的难度的，你又何必拿别人的错误来惩罚你自己呢？

等靠要：竞品的投入大呀，没有支持怎么推新品

新品上市，确实不只是和消费者相关，竞争对手的表现对我们成败影响甚大。对于区域做销售的经销商来讲，营销要看竞品，这个体会更深。新品上市无论是铺货时抢终端、拉动时抢消费者的眼球，都要和竞争对手比着来。我们投入兵力的效果不完全是由我们单方面决定的。正常情况下，你投入 1000 个人，对手投入了 800 个人，你能发挥的只有 200 个人的兵力。

厂家上新品一般不可能什么支持都没有，只不过是投多少、怎么投的问题，这里面有很重要的策略性。厂商都希望把市场做好，所以首先这个大前提是一致的，后面的事情都好谈。

一方面，厂家资源投入方案和区域经销商老板的思路是否一致，这是个问题。所以之前要充分调研听听经销商的意见，这样在推动时会好许多。并且在执行时，应针对不同的市场允许区别对待。中国的市场实在太大了，各区域市场发展不平衡，如果一刀切必然会有抱怨。

另一方面，经销商也不能只指望厂家单方面投入。前面说过，市场是需要厂商共建的，所以在新品上市阶段，经销商也一定要有投入的意识。最基本的，你得进足够的货、你的车辆得够用、你得有业务人员去跑、你不能和终端老板抢差价，眼光要放得远

一点等，必要时终端生动化物料投入、促销拉动你都得有所投入。一句“竞品的投入大呀”就推开一切，显然是事不关己的、不负责任的态度。竞品的投入大也不可能只是厂家在投入，这样的市场是做不久的。

更重要的是，厂商资源投入要有策略性。比如集中资源单店突破就很重要。在产品、区域、渠道，甚至终端方面都要集中，打造出样板区域、样板渠道甚至样板终端。再如，资源的投入要知道避开竞争对手，不只是有硬碰硬的打法。比如铺货，大家都在抢终端，把费用给到终端老板；有的企业就错开来，把费用投入到营业员身上（如白酒行业用的较多的“开瓶费”），或把费用投到消费者身上（如饮料行业的“瓶盖设奖”）等。有策略事半功倍，无策略事倍功半。

缺方法：我们这帮业务人员不撑劲呀

“人倒是老实，就是没什么方法”，这是很多经销商老板对企业业务人员的抱怨，充满了无奈。新品上市体现了企业整体的营销运作水平，这当然和平时企业对经销商的管理和服务水平密切相关了。

所谓“顾问式销售”就是要求我们业务人员能帮客户解决问题。客户的难题恰恰是我们的机会，在解决客户难题的同时获得我们想要的，这才是做销售的正规路径。比如：新品入场如何和商超谈；

终端陈列和生动化如何做最有效；小区推广活动如何设计和组织实施；商超的款总是回不回来，怎么办；经销商新招了几个业务人员什么也不懂，如何尽快进入角色；车销的路线如何设计，等等，经销商不懂，如果我们厂家业务人员也只在旁边看着而没有建议，显然会让人没有信心做新品了。

这首先体现了企业平时的市场管理基础。特别地，在针对新品上市的具体项目上，厂方总部也要专门组织研讨，必须让企业业务人员有信心、有方法去做了，才能真正影响到我们的客户以及他的团队。

再者，厂家业务人员在新品推广上要多走访，深入到经销商团队中与经销商团队一起去落实公司的各项策略，这非常重要。成熟的产品，经销商会操作，我们就可以少花点精力。但对于新品、新事物，一定会有许多新问题，需要厂家业务人员和经销商一起面对。

第二节　新品胜算离不开高效率的新品运作团队

事情都是靠人去完成的，新品上市的执行由销售部人员完成。新品推广首先要杜绝业务团队中的一些不良作风，其次要能调动内外两支业务团队的积极性，特别是厂家的业务人员要能让经销商的业务团队有方法、有策略，这都是非常重要的。

杜绝不良工作现象和工作作风

在打大仗之前首先要整军纪，树立信心。

首先，整军纪就是要让销售团队对新品有足够的关注度。业务人员要会做领导关注的事，而不仅仅是领导希望做的事。大多数业务人员不会主动地费心费力地推新品，大家都会把注意力集中在给成熟品项做促销，因为这样销量更大，而且要轻松得多。新品上市前若缺少这个环节，业务人员就会感觉新品上市是“在正常的销量目标完成之外的额外任务，公司似乎也不是特别强调”。一旦他们掉以轻心，新品上市必败无疑。因此，可以注意以下几招：

1）新品上市前一定要召回各区销售主管、经理做产品上市说明会，有条件的企业甚至可以在各区域招集经销商开这种动员会。

2）对各区业务人员专门制定新品销量任务，并且要把新品销量达成提出来单独考核。

3）日常销售报表、月会报告中要体现出对新品销售业绩的格外关注，销售例会中新品业绩要成为主要议题。

4）举办销售竞赛，对优胜者予以公开表彰和奖励，激发推新品的氛围。

5）大领导对新品推广不力的区域亲自督导，指出工作漏洞，现场奖罚，并通报全厂。

其次，要增强业务人员对新品的信心。之前说过，很多业务人员研究一番新品后，习惯于直接给新品判死刑，如产品的创意、价格、包装、费用投入等，总能找到“难做起来”的借口。这种负面情绪一旦蔓延开来，会影响士气，给后续上市行为的贯彻带来极大危害。就此，可以注意以下几招：

1）新品上市中，要注意定期与一线人员沟通，了解他们遇到的阻力、意见，以便改进，很多灵感都是来自市场一线的。

2）端正会议风气，多提建议，少提意见，提倡正思维，对那些新品做不好还牢骚多的区域，月会可以组织相关人员过去开现场会，指出问题，以儆效尤。

3）尽快先作出一个样板市场来，一方面可检验新品运作的模式，再者可以给业务人员增强信心。

如何调动企业业务团队的积极性

只有业务团队内部搞得如火如荼才能影响到客户。自己都没有信心，如何说服别人？所以，在新品推广过程中，调动企业业务团队的积极性是重要一环。对此介绍以下几种方法：

1）关注激励——领导要重视，员工干得才有劲。所以，通过会议宣贯、市场走访、表彰等手段，要让业务团队感受到领导对新品的重视。

2）方向激励——即要让业务团队知道怎么做。只关注结果性的销量指标是粗放的，会造成销售人员面对新品销售的茫然。企业要通过对新品上市过程中各项过程指标的要求，给业务人员以方向感，让他们明白“过程做得好、结果自然好”！只要能把新品推广的过程指标落实到位，销量自然会来。比如，经销商有无新品的合理库存；新品终端价格是否符合公司指引；新品通路价格是否稳定、是否管理好经销商的出货价格，保证层层有钱赚；有没有在超市中占据优势排面；批发市场铺货率达标了吗；有多少 POP、条幅、堆箱布置；零店市场铺货率达标了吗；是否摆在最显眼的位置，有多少 POP；各区经理有没有在自己区域的下属员工中掀起推广新品的工作热潮；公司规定对业代推新品的奖励和处罚措施有没有执行到位；等等。

3）考核激励——新品销量表现要单独考核。考核内容不仅仅只是看销量指标，更要看过程，如铺货率、样板市场建设、终端表现等。这会增加我们的管理难度，但也恰恰是要求我们把工作做细。

4）榜样激励——打造样板市场。公司领导亲自督导，尽快打造样板市场，最好就在公司附近。一方面检验我们新品运作模式的成效，比如促销活动有没有效，铺货政策有没有效等。另一方面也是给其他区域的业务人员回公司开会时，有机会接触得到，便于激励士气。

5）沟通激励——领导要多听听一线员工的困难和意见，以改进工作。下面反映上来的问题要有正面的反馈，这种积极性是需要保护的，否则这种建议会越来越少。

6）赞美激励——对做得好的区域，可以在月会时组织大家过去开现场会，对他们而言这是莫大的光荣。

7）惩戒激励——即对那些新品做得不好还牢骚多的区域，可以在月会时过去看他们的现场会，让别的区域给他们指点迷津，让他们汗颜。

8）竞争激励——设置一些竞赛活动，如评选新品销售冠军，对优胜者予以公开表彰和奖励。

怎样让经销商团队更有策略和方法

新品推广，经销商是具体的执行单位。所以让经销商团队有策略和方法是新品推广最后能落地的保障。

让经销商知道怎么做，是厂方业务人员“管理经销商”的权力的来源，如果你只知道帮公司下发通知和压货，而没有指导如何销货的能力，你在经销商那儿是很难树立威信的，那你说话又有谁愿意听呢？所以新品推广对厂家业务人员来讲，也恰恰是个树立威信的好机会。

如何让他们有方法？这还是需要引导他们去关注过程：用的什么产品组合、走什么渠道、给什么政策、做什么活动、如何应对竞争等。这些都是区域经理的工作，他们应是有想法的，把公司管理的精神输出到经销商团队，关键是要把工作做细，给各区域客户都能有所指导。当然，这和平时区域管理水平是密切相关的。新品推广阶段，如何给经销商提供更多的策略和方法？

比如，通过新品上市的契机，帮助经销商建立过程管控体系。

比如，利用督导人员走访市场，特别要求他们对客户新品运作进行诊断并指导。

比如，带着客户去参观做得好的区域，互相交流取经。

比如，提炼优秀的新品推广案例，组织在区域内传播。

比如，对经销商的业务人员进行新品推广专项培训。

比如，引导经销商做样板区域、样板渠道、样板门店等，以学习提高新品推广的经验和方法。

比如，建立业务人员新品考评方案，以鼓舞士气。

凡此种种，都将是有效的。

—零售经营，决胜终端—
王同老师零售终端、快消行业精品课程

课程名称：《优秀店长核心技能特训》

【课程收益】“店长强则门店强，门店强则企业强”，本课程讲授终端门店的优秀店长核心技能，如人员、货品、货场、服务、销售等，提升终端业绩。

【培训对象】品牌专卖店店长、优秀导购

【授课时长】2 天

课程名称：《顶尖导购强化训练》

【课程收益】塑造成为优秀导购的必备的职业心态，基于对消费者心理的探寻，学习优秀导购的关键的顾客业务技能。

【培训对象】熟练导购及店长级导购

【授课时长】2 天

课程名称：《新产品成功上市》

【课程收益】使营销人员了解新产品上市的系统性操作方法，从全程的角度来看待新产品上市。

【培训对象】快消品企业市场系统、销售系统及产品开发系统团队

【授课时长】2 天

课程名称：《品牌服饰·订货会培训》

【课程收益】了解有关品牌的关键认知，提升品牌意识；学习代理商组货的理念及方法，如期货、库存、销售分析、订货策略等，利于订好这盘货。

【培训对象】品牌服饰·代理商/经销商/优秀店长

【授课时长】1 天

智渠·终端门店管理咨询机构

咨询热线：13816981508

QQ 服务：375117491

机械工业出版社　世纪传播　世纪传播书系

企业、个人首选最值得信赖的增值顾问

★知名的专家学者　★专业的出版团队

★优质的出版平台　★完善的发行系统

出版咨询：010-58732179　idobook@126.com

产品咨询：400-8866-196

世纪传播

☆李践系列畅销图书

知名企业家李践 实效工具系列
用简洁的图文诠释管理
给方法给工具
一看就明白
一用就见效

☆企业管理畅销图书

领导无形，胜似有形
管理有道，是为无道
管理名家荟萃
共享智慧风范

☆经理人必读畅销图书

优选精案实例
博取众家所长
让阅读成为一种需要
成为一种习惯

☆销售/营销畅销图书

掌握绝对成交的销售艺术 跻身销售精英TOP10%

☆生产管理畅销图书

制造源于细节，精益成就卓越
助力生产一线
实现企业从优秀到卓越的完美进化

☆经济热点畅销图书

拨开经济热点背后的迷雾
呈现跌宕起伏的时政格局

☆职场系列畅销图书

核心骨干不可或缺的价值理念
优秀员工不可不知的思维方式
职场人士不可不读的晋级指南

☆大众畅销图书

传递商业智慧　共享精彩生活

世纪传播经典音像产品缤纷秀

世纪传播

★李践系列畅销光盘　★管理实务畅销光盘　★员工培训畅销光盘

★人文社科畅销光盘　★健康养生畅销光盘

了解更多产品资讯请登录http://blog.sina.com.cn/shijiyuedu

或拨打免费热线400-8866-196咨询

机工经管读者俱乐部反馈卡

完整填写本反馈卡将可以参加幸运抽奖

每月我们将会抽出10位幸运读者，免费赠送当月新书一本

加入俱乐部，将会收到我们定期发送的新书信息

获奖名单将公布在 http://www.Golden-book.com 及 http://www.cmpbook.com 上

个人资料

姓名：________ 性别：□男 □女 年龄：________

E-mail：________ 联系电话：________

传真：________ 手机：________

就职单位及部门：________ 职务：________

通讯地址：________ 邮政编码：________

单位情况

单位类型：

□国有企业 □私营企业 □政府机构 □股份制企业

□外资企业（含合资） □集体所有制企业

□其他（请写出）________

单位所属行业：

□食品/饮料/酿酒 □批发/零售/餐饮 □旅游/娱乐/饭店

□政府机构 □制造业 □公用事业

□金融/证券/保险 □农业 □多元化企业

□信息/互联网服务 □房地产/建筑业 □咨询业

□电子/通讯/邮电 □其他（请写出）________

单位规模：

□500人以下 □500—1000人 □1000—2000人 □2000人以上

关于书籍

1. 您购买的图书书名：______________________ ISBN：______________
2. 您是通过何种渠道了解到本书的？
   □报刊杂志 □电视台电台 □书店 □别人推荐 □其他_________
3. 您对本书的评价

内容	□好	□一般	□较差
编排	□易于阅读	□一般	□不好阅读
封面	□好	□一般	□较差

4. 您在何处购买的本书
   □书店 □网络 □机场 □超市 □其他____________
5. 您所关注的图书领域是：
   □投资理财 □人力资源 □销售/营销 □财务会计
   □管理学与实务 □其他______
6. 您愿意以何种方式获得我们相关图书的信息？
   □电子邮件 □传真 □书目 □试读本
7. 如果您希望我们发送新书信息给您公司的负责人，请注明所推荐人的：
   姓名____________ 职务____________ 电话_______________
   地址______________________________ 邮件_______________

感谢合作！请确认我们的联系方式

联系人：董琛

地址：北京市西城区百万庄大街22号机械工业出版社经管分社

邮编：100037

电话：010-88379081

传真：010-68311604

电子邮箱：cmpdong@163.com

登记表电子版下载请登录：

http://www.golden-book.com/clubcard.asp 或 http://www.golden-book.com

敬请惠赐名片，谢谢！

检
2